LES

ARTS ET MÉTIERS

AU MOYEN AGE.

TYPOGRAPHIE FIRMIN-DIDOT. — MESNIL (EURE).

SURTOUT DE TABLE SERVANT DE DRAGEOIR

En cuivre émaillé et doré. — Travail de la fin du seizième siècle.

L'ANCIENNE FRANCE.

LES

ARTS ET MÉTIERS

AU MOYEN AGE.

ÉTUDE ILLUSTRÉE

D'APRÈS LES OUVRAGES DE M. PAUL LACROIX,

SUR LE MOYEN AGE ET LA RENAISSANCE.

OUVRAGE ORNÉ DE 181 GRAVURES

ET D'UNE CHROMOLITHOGRAPHIE.

PARIS,

LIBRAIRIE DE FIRMIN-DIDOT ET CIE,

IMPRIMEURS DE L'INSTITUT, RUE JACOB, 56.

1887.

LES
ARTS ET MÉTIERS
AU MOYEN AGE.

MOBILIER.

Simplicité des objets mobiliers chez les Gaulois et les Francs. — Le fauteuil de Dagobert. — La Table ronde du roi Artus. — Influence des croisades. — Un banquet royal sous Charles V. — Les sièges. — Les dressoirs. — Service de table. — Les hanaps. — La dinanderie. — Les tonneaux. — L'éclairage. — Les lits. — Meubles en bois sculpté. — La serrurerie. — Le verre et les miroirs. — La chambre d'un seigneur féodal. — Richesse du mobilier religieux. — Autels. — Encensoirs. — Châsses et reliquaires. — Grilles et ferrures.

N nous croira sans peine si nous affirmons que chez nos vieux ancêtres, les Gaulois, l'ameublement était de la plus rustique simplicité. Un peuple essentiellement guerrier et chasseur, tout au plus agriculteur, qui avait les forêts pour temples, et pour demeures des huttes de terre battue et couvertes de paille ou de branchages, devait se montrer indifférent sur la forme et la nature de ses objets mobiliers. Des instruments d'agriculture et surtout des armes, tels étaient en général les meubles des Gaulois.

Les fouilles qu'on a faites, soit dans les tombeaux, soit au pied des pierres druidiques, ont procuré en abondance des objets d'un usage journalier, et qui ont démontré d'une manière évidente l'existence de ce qu'on peut appeler « l'art gaulois ». En laissant de côté les trophées rapportés de leurs expéditions dans les pays plus avancés en civilisation, on trouve dans les sépultures de nos aïeux des silex, des os d'animaux, des poteries, des bronzes, du fer, des verreries, des émaux, des monnaies, etc. D'après MM. Bosc et Bonnemère, on remarque, parmi les pierres taillées,

 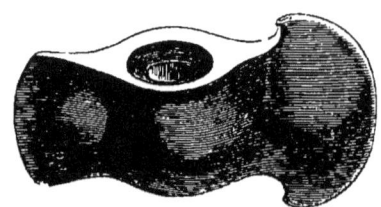

Fig. 1. — Pointe de flèche en silex.   Fig. 2. — Hache en silex.

des poinçons, des aiguilles, des pointes de flèche (fig. 1), des javelots, des haches de diverses formes (fig. 2), des couteaux, des pendeloques, des grains de collier en quartz rose. Les objets en os fournissent des aiguilles, différents outils pointus, des harpons, des sifflets (fig. 3). La céramique offre des vases par centaines, décorés avec un certain goût; nous aurons l'occasion d'en parler dans un chapitre spécial.

Le bronze, introduit à une époque postérieure, permit aux Gaulois de façonner des bijoux variés, sans compter les armes et ustensiles, et de les couvrir d'émail. On a récemment découvert des centres de fabrication, « dont les ateliers, comme dans les fouilles de Pompéi, n'auraient paru fermés que de la veille, si l'état d'altération d'un grand nombre d'objets n'eût témoigné d'un long séjour au sein de la terre. Les ustensiles gisaient pêle-mêle, les fours étaient encore remplis de charbon; à côté de spécimens complètement terminés, on en voyait d'autres ébauchés à peine, d'autres en pleine fabrication, l'un même encore enve-

Fig. 3. — Outils et instruments en corne de cerf.

loppé de terre cuite. » La plupart des objets trouvés au mont Beuvray (Nièvre), où était située, selon quelques savants, l'ancienne Bibracte (aujourd'hui Autun), ont été transportés au musée gallo-romain de Saint-Germain. Citons, au nombre des ornements, les colliers tantôt unis, tantôt travaillés, les bagues, bracelets, ceintures, agrafes, anneaux de pied, boutons, plaques décoratives; un grand nombre de ces objets eurent ensuite leurs similaires en fer, en argent et quelquefois en or.

Après avoir employé une monnaie tout à fait primitive, les Gaulois rapportèrent de leur invasion en Grèce un riche butin de pièces d'or frappées à l'effigie de Philippe, père d'Alexandre le Grand, et ils se contentèrent de les imiter, en les accompagnant souvent de symboles, tels que le cheval ou le bœuf, et de triangles, croissants, roues, selon la localité d'où elles provenaient (fig. 4). Malheureusement on n'a jamais établi de délimitation entre l'époque gauloise indépendante et celle qui suivit la conquête, et presque tous les anciens monuments retrouvés sur notre sol ont été qualifiés de gallo-romains.

Vint la conquête des Romains. A l'origine, et longtemps après la fondation de leur belliqueuse république, ceux-ci avaient vécu également dans le mépris du faste et même dans l'ignorance des commodités de la vie; mais lorsqu'ils subjuguèrent la Gaule, après avoir porté leurs armes victorieuses à tous les confins du monde, ils s'étaient peu à peu approprié ce que leur avaient offert de luxe raffiné, de progrès utile, d'ingénieux bien-être, les mœurs et usages des nations soumises. Les Romains importèrent donc en Gaule ce qu'ils avaient acquis çà et là. Puis, quand les hordes à demi sauvages de la Germanie et des steppes du Nord firent à leur tour irruption sur l'empire romain, ces nouveaux vainqueurs ne laissèrent pas de s'accommoder instinctivement à l'état social des vaincus. Ainsi s'explique sommairement la transition, à vrai dire un peu tourmentée, qui rattache aux choses de l'antique société les choses de la société moderne.

Le monde du moyen âge, cette époque sociale qui pourrait être comparée à la situation d'un vieillard décrépit et blasé, qui, après une longue et froide torpeur, se réveillerait enfant naïf et fort, le monde du moyen âge hérita beaucoup des temps, en quelque sorte interrompus, qui l'avaient précédé; il transforma peut-être, il perfectionna plus qu'il n'inventa, mais il manifesta dans ses œuvres un génie si particulier, qu'on s'accorde généralement à y reconnaître le mérite d'une véritable création.

D'après une ingénieuse remarque de M. Louandre, l'histoire de

Fig. 4. — Monnaies gauloises en bronze.

l'ameublement, considérée sous le point de vue de l'art, peut être divisée en cinq grandes époques, qu'il nomme époques latine, byzantine, romane, ogivale et de la Renaissance, parce que les meubles, grands ou petits, reproduisent, à toutes les périodes du moyen âge, les types de l'architecture, soit dans leur forme, soit dans leurs ornements. Ce point établi, le même auteur ajoute comme fait général : « Le luxe de la civilisation antique resta populaire jusqu'à la fin du sixième siècle; de là jusqu'au quinzième, les riches mobiliers se rencontrent exclusivement chez les rois, les princes et les personnages les plus distingués de la noblesse et de l'Église. Chez les bourgeois, et même dans les châteaux des petits feudataires disséminés à travers les campagnes, l'ameublement est d'ordinaire très simple. Cela tenait non seulement au manque d'argent, mais aux distinctions que les lois somptuaires établissaient entre les diverses classes, pour les meubles comme pour les habits. A la fin du quinzième siècle et dans le cours du seizième, en même temps que l'art se perfectionne, le confortable tend à se répandre de plus en plus, et l'on peut dire sans exagération qu'à part les objets qui sont dus aux découvertes de la science moderne, l'ameublement de cette dernière époque ne le cède en rien, pour l'élégance et la commodité, à ce que nous possédons aujourd'hui de plus élégant et de plus commode. »

A l'époque mérovingienne, dans les demeures des princes ou des grands, le luxe consistait beaucoup moins dans l'élégance ou l'originalité des formes attribuées aux objets d'ameublement, que dans la profusion des matières précieuses employées à les fabriquer ou à les orner. Ce n'est plus le temps où les premiers clans des Gaulois et des hommes du Nord qui vinrent prendre possession de l'Occident avaient pour sièges et pour lits des bottes de paille, des nattes de jonc, des brassées de ramure; pour tables, des blocs de rocher, des souches à peine équarries ou des tertres de gazon. Dès le cinquième siècle de l'ère chrétienne, nous trouvons déjà les Francs et les Goths, reposant leurs muscles vigoureux sur les longs sièges moelleux que les Romains ont apportés de l'Orient, et qui sont devenus nos sofas, nos canapés, en ne changeant guère que de nom; devant eux sont dressées les tables basses et en demi-cercle, où la place du milieu était réservée au plus digne, au plus illustre des convives.

Bientôt l'usage des lits de table, lequel ne convient qu'à la mollesse des climats chauds, est abandonné dans les Gaules : les bancs, les escabeaux sont adoptés par ces hommes d'action et d'éveil; on

Fig. 5. — Chaise curule, dite *Fauteuil de Dagobert,* en bronze doré. (Bibl. nat.)

ne mange plus couché, mais assis; et les trônes des rois, les sièges des grands étalent la plus opulente somptuosité.

C'est alors que nous voyons Éloi, le célèbre artiste en métaux, fabriquer et ornementer pour Clotaire II deux sièges d'or massif, et un trône du même métal pour Dagobert. Quant au siège attribué à saint Éloi, et connu sous le nom de *fauteuil de Dagobert* (fig. 5), c'est une chaise antique consulaire qui n'était primitivement qu'un pliant, auquel l'abbé Suger, au douzième siècle, fit ajouter des bras et un dossier. Le luxe artistique n'était pas moins grand lorsqu'on l'appliquait à la fabrication des tables : les historiens nous apprennent que saint Remi, contemporain de Clovis, avait une table d'argent, toute décorée d'images pieuses. Le poëte Fortunat, qui fut évêque de Poitiers, en décrit une, de même métal, autour de laquelle s'enroulait une vigne chargée de grappes de raisin. Éginhard, en rapportant le testament de Charlemagne, mentionne l'existence de trois tables d'argent et d'une table d'or d'une dimension et d'un poids considérables. « L'une d'elles », dit-il, « de forme carrée, représentait la ville de Constantinople, et l'autre, de forme ronde, la ville de Rome. La troisième, formée de trois cercles, contient une description de l'univers entier, tracée avec autant d'art que de délicatesse. » La quatrième était d'or. Ces tables étaient-elles montées sur pied ou adossées aux murs en guise de tableaux, ou servaient-elles comme des plateaux à apporter des fruits, des épices, des parfums, c'est ce qu'on ne saurait décider.

Les sièges de l'époque romane (fig. 6) semblent affecter de reproduire, à l'intérieur des édifices qu'ils meublent, le style architectural des monuments contemporains. Larges et pesants, ils s'élèvent sur des faisceaux de colonnes, qui vont s'épanouir dans un triple étage de dossiers à plein cintre. Le moine anonyme de Saint-Gall, dans sa *Chronique*, écrite au neuvième siècle, fait pourtant mention d'un riche festin, où le maître de la maison était assis sur des coussins de plume. Legrand d'Aussy assure, dans son *Histoire de la vie privée des Français*, que, plus tard, c'est-à-dire sous le règne de Louis le Gros, au commencement du douzième siècle, quand il s'agissait d'un repas ordinaire et familier, les convives s'asseyaient sur de simples escabeaux, tandis que, si la réunion avait un caractère plus cérémonieux et moins intime, la table était entourée de *bancs;* d'où dériverait l'expression de *banquet*.

Fig. 6. — Siège du ixe ou xe siècle, D'après une miniature d'un ms. de la Bibl. nat.

Quant à la forme de la table, ordinairement longue et droite, elle devenait demi-circulaire ou en fer à cheval, dans les festins d'apparat; elle rappelait ainsi la romanesque Table ronde du roi Artus de Bretagne.

Les croisades, en mêlant les hommes de toutes les contrées de l'Europe aux populations de l'Orient, firent connaître aux Occidentaux un luxe et des usages qu'ils ne manquèrent pas d'imiter, au retour de ces expéditions guerrières. Il est alors question de festins où l'on mange assis par terre, les jambes croisées ou allongées sur des tapis, et cette manière de s'asseoir à l'orientale se trouve représentée dans les miniatures des manuscrits de ce temps. Le sire de Joinville, l'ami et l'historien de Louis IX, nous apprend que le saint roi avait coutume de s'asseoir de la sorte, sur un tapis, entouré de ses barons, et de rendre ainsi la justice; ce qui n'empêchait pas que l'usage ne se fût conservé des grandes *chaires* ou fauteuils, car il nous est resté de cette époque un siège ou trône, en bois massif, dit *le banc de monseigneur saint Louis,* tout chargé de sculptures représentant des oiseaux et des animaux fantastiques ou légendaires. Il est probable, toutefois, que dans les résidences seigneuriales, où le nombre des invités variait souvent, les tables étaient composées de grands panneaux posés sur des tréteaux pliants, mais non fixés à demeure.

Les pauvres gens n'aspiraient pas, cela va sans dire, à tant de raffinement : dans les demeures du peuple, on s'asseyait sur des escabeaux, des sellettes, des coffres, tout au plus sur des bancs, dont les pieds étaient quelque peu ouvragés.

C'est à cette époque que l'on commence à recouvrir les sièges d'étoffes de laine ou de soie brochées au métier ou brodées à la main, portant des chiffres, des emblèmes ou des armoiries. On avait rapporté d'Orient la coutume de tendre les appartements avec des peaux vernissées, gaufrées et dorées; ces cuirs, de chèvre ou de mouton, avaient reçu le nom d'*or basané,* parce qu'on en faisait de la basane dorée à plat ou gaufrée en couleur d'or. L'or basané fut aussi employé pour déguiser la nudité primitive des fauteuils. Vers le quatorzième siècle, les tables en métaux précieux disparaissent, par cette raison que le luxe s'est tourné vers les étoffes sous lesquelles on les cache. Dans les festins d'apparat, la place des convives de distinction est marquée par un dais, plus ou moins riche, qui s'élève au-dessus de leur fauteuil.

Vers le commencement de 1378, l'empereur Charles IV vint en France pour accomplir un vœu qu'il avait fait à Notre-Dame de Saint-Maur, près Paris. On célébra son arrivée par des fêtes ma-

Fig. 7. — Louis IX sur son siège royal, à tenture fleurdelisée. Miniature d'un ms. du xve s. (Bibl. nat.)

gnifiques, et le roi Charles V lui donna un banquet solennel en la grand'salle du palais de Justice. Le service se fit à la table de marbre qui en occupait presque toute la largeur. L'archevêque de Reims, qui avait officié ce jour-là, prit place le premier au banquet. L'empereur s'assit ensuite, puis le roi de France, et le roi de Bohême, fils de l'empereur. Chacun des trois princes avait au-dessus de sa place un dais distinct, en drap d'or semé de fleurs de lis ; ces trois dais étaient surmontés d'un plus grand, aussi en drap d'or à images, lequel couvrait la table dans toute son étendue, et pendait derrière les convives. Après le roi de Bohême s'assirent trois évêques, mais loin de lui et presque au bout de la table. Sous le dais le plus proche était assis le dauphin, à une table séparée, avec plusieurs princes ou seigneurs de la cour de France ou de l'empereur. La salle était décorée de trois buffets ou dressoirs, très richement parés et garnis de vaisselle d'or et d'argent. Ces trois buffets, ainsi que les deux grands dais, étaient entourés de barrières destinées à en défendre l'approche aux nombreuses personnes qui avaient été autorisées à jouir de la beauté du spectacle. On remarquait enfin cinq autres dais, sous lesquels étaient réunis les princes et les barons autour de tables particulières, et un grand nombre d'autres tables.

Notons que, dès le règne de saint Louis, ces fauteuils, ces sièges qu'on sculptait, qu'on couvrait des étoffes les plus riches, qu'on incrustait de pierres fines, sur lesquels on gravait les armoiries des grandes maisons, sortaient la plupart de l'atelier des ouvriers parisiens; ces ouvriers, menuisiers, bahutiers, coffretiers et tapissiers, avaient une telle renommée pour ces sortes de travaux, que, dans les inventaires et les prisées de mobiliers, on ne manquait pas d'y spécifier que tel ou tel des objets qui en faisaient partie était de fabrique parisienne, *ex operagio parisiensi* (fig. 7).

L'extrait suivant d'un compte d'Étienne La Fontaine, argentier royal, donnera, par ses termes mêmes, qui peuvent se passer de commentaire, une idée du luxe apporté à la confection d'un fauteuil (*faudesteuil*, disait-on alors), destiné au roi de France Jean le Bon, en 1352 :

« Pour la façon d'un fauteuil d'argent et de cristal garni de pierreries, livré audit seigneur (le roi), duquel ledit seigneur fit faire audit orfèvre la charpenterie, et y mit plusieurs cristaux, pièces d'enluminure, plusieurs devises, perles et autres pièces de pierreries.

« *Item*, pour 217 pièces d'enluminure mises sous les cristaux dudit fauteuil, dont il y a 40 armoiries des armes de France, 61 de prophètes tenant des rouleaux, 112 demi-images de bêtes sur fond d'or, et 4 grandes histoires des jugements de Salomon.

« *Item*, pour 12 cristaux pour ledit fauteuil, dont il y a 5 creux pour les bâtons, 6 plats et 1 rond plat pour le milieu. »

Fig. 8. — Sièges divers. D'après les miniatures des xive et xve siècle.

Dès cette époque, les fauteuils, sièges d'honneur par excellence, avaient quitté la forme traditionnelle du pliant (fig. 8); on les fit plus larges, et on les plaça sur une estrade, avec un escabeau en avant; on les accompagna de riches dossiers avec dais. « Mais, vers le quinzième siècle, » dit M. Viollet-Leduc, « les formes du fauteuil s'altèrent; ne conservant du pliant que l'apparence, il est accompagné de dossiers, de barres, qui le rendent fixe et lourd. » Il est décoré de franges, attachées au moyen de bandes de fer battu qu'on clouait dans le bois, et qui furent remplacées par des galons de passementerie.

Ce n'est guère que vers le commencement du quinzième siècle que se montrent les premières chaises garnies de paille ou de jonc, les pliants en forme d'X, et les sièges à bras rembourrés. Au seizième siècle, les *chaires* ou *chayères à dorseret*, en bois de chêne ou de châtaignier sculpté, peint et doré, furent abandonnées, même dans les châteaux royaux, comme étant trop lourdes et trop incommodes, à cause de l'énorme dimension qu'elles avaient prise (fig. 9).

Le dressoir, que nous venons de voir figurer dans le grand festin de Charles V, et qui d'ailleurs s'est conservé à peu près jusqu'à nos jours, en devenant notre buffet à étagères, était un meuble fait beaucoup moins en vue de l'utilité que de l'ostentation. C'est sur le dressoir, dont l'usage ne paraît pas remonter au delà du quatorzième siècle, et dont le nom indique assez la destination, que s'étalaient, dans les vastes salles du manoir, non seulement toute la riche vaisselle employée au service de table, mais encore maint autre objet d'orfèvrerie qui n'avait que faire dans un banquet : vases de toutes sortes, statuettes, tableaux en ronde-bosse, bijoux, vases, reliquaires même. Dans les palais et les grandes maisons, le dressoir, comme autrefois les tables, était souvent en or, en argent, en cuivre doré. Ce meuble était plus ou moins somptueux suivant le rang des personnages. D'après *les Honneurs de la cour*, ouvrage d'étiquette rédigé par Aliénor de Poitiers, le dressoir de la reine devait avoir cinq degrés ou gradins, celui des princesses et duchesses quatre, celui des comtesses trois, celui des femmes des chevaliers bannerets deux, et enfin celui des simples dames nobles un seul.

Ce qui distingue le dressoir du buffet, c'est que le premier n'a jamais de tiroirs ni d'armoires à portes.

Les gens d'un état inférieur n'avaient que des tables de bois,

Fig. 9. — Louise de Savoie, mère de François Ier, assise sur une *chaise à dorseret*, en bois taillé et sculpté. D'après un ms. de la Bibl. nat. xve s.

mais alors ils prenaient soin de les couvrir de tapis, de broderies, de nappes fines. A un certain moment, le luxe des dressoirs se propagea à un tel point dans les maisons ecclésiastiques, que nous rappellerons, entre autres critiques dirigées contre cette vaniteuse coutume, les reproches que Martial d'Auvergne, l'auteur du poème historique des *Vigiles de Charles VII,* adresse à ce sujet aux évêques. Une mention assez curieuse, que nous offrent les vieux documents, c'est la redevance d'*une demi-douzaine de petits bouquets,* redevance à laquelle étaient tenus annuellement les habitants de Chaillot envers l'abbaye de Saint-Germain des Prés, pour l'ornement du dressoir de messire l'abbé.

Après avoir désigné, au moyen âge, la chambre où l'on renfermait la vaisselle et les objets de prix, le mot *buffet,* dans les quatorzième et quinzième siècles, s'applique spécialement à un meuble que l'on plaçait, pendant les repas de cérémonie, au milieu de l'espace réservé entre les tables; on y rangeait des pièces d'orfèvrerie, des épices et des confitures. Il se distinguait du dressoir en ce qu'au lieu d'être adossé à la muraille, il était isolé, de façon à pouvoir y aborder de tous les côtés. Plus modestes, mais plus utiles aussi, étaient l'*abace* et la *crédence* (fig. 10), autres espèces de buffet qui se trouvaient ordinairement à peu de distance de la table, pour recevoir, celui-ci les plats et les assiettes de rechange, celui-là les hanaps, les verres et les coupes. Ajoutons que la crédence, avant de passer dans les salles à manger, était, depuis des temps fort reculés, en usage dans les églises, où elle avait sa place près de l'autel, pour recevoir les burettes, linges et autres menus objets pendant le sacrifice de la messe.

Posidonius, philosophe stoïcien, qui écrivait environ cent ans avant l'ère chrétienne, nous apprend que dans les festins des Gaulois un esclave apportait sur la table une jarre de terre ou d'argent, pleine de vin, dans laquelle chaque convive puisait à son tour, suivant sa soif. Ainsi voilà l'usage des vases d'argent,

Fig. 10. — Crédence du xv° siècle.

aussi bien que celui des vases de terre, constaté dans les Gaules à une époque considérée comme primitive. A vrai dire, ces vases d'argent pouvaient provenir, non de l'industrie locale, mais du butin que ces peuplades guerrières avaient conquis dans leurs guerres contre les nations plus avancées en civilisation. Quant aux vases de terre cuite, le plus grand nombre de ces objets découverts chaque jour dans les sépultures nous montre combien ils étaient grossiers, bien qu'ils semblent avoir été fabriqués à l'aide du tour, comme chez les Romains. Quoi qu'il en soit, nous croyons devoir négliger ici cette question, pour la reprendre dans le chapitre consacré à la céramique.

N'oublions pas, cependant, de signaler chez les premiers habitants de notre territoire la coutume probablement très ancienne d'offrir à boire, aux hommes les plus marquants par leur vaillance, dans une corne d'*urus,* dorée ou cerclée d'or ou d'argent (l'urus ou l'aurochs, sorte de bœuf dont la race a disparu, vivait à l'état sauvage dans les forêts dont la Gaule était alors en partie couverte). L'usage des cornes à boire se conserva longtemps, et l'on voit encore le duc Guillaume de Normandie s'en servir dans une cour plénière qu'il tint à Fécamp, aux fêtes de Pâques.

Nos anciens rois, qui avaient des tables fabriquées avec les métaux les plus précieux, ne pouvaient manquer de déployer aussi un luxe extraordinaire dans la vaisselle destinée à figurer sur leurs tables. Les chroniqueurs rapportent, par exemple, que Chilpéric, « sous prétexte d'honorer le peuple dont il était roi, fit faire un plat d'or massif, tout orné de pierreries, du poids de cinquante livres, » et encore que Lothaire distribua un jour, entre ses soldats, les débris d'un énorme bassin d'argent, sur lequel était représenté « l'univers avec le cours des astres et des planètes ». A défaut de documents précis, il faut croire que le reste de la nation, à côté ou plutôt au-dessous de ce luxe royal, n'avait guère pour son usage que des ustensiles de terre et même de bois, sinon de fer ou de cuivre.

MOBILIER. 19

A mesure que nous avançons dans le cours des siècles, et jus-

Fig. 11. — Aiguière en vermeil du xve siècle.

qu'à l'époque où les progrès de la céramique permettent enfin à ses produits de prendre rang parmi les objets de luxe, nous trouvons toujours l'or et l'argent employés de préférence à la confection des services de table; mais le marbre, le cristal de roche taillé, le verre, apparaissent tour à tour, artistement travaillés, sous mille formes élégantes ou bizarres, en coupes, aiguières (fig. 11), abreuvoirs, hanaps, etc.

Au hanap surtout semblent revenir de droit toutes les attributions honorifiques dans l'étiquette de table, car le hanap, sorte de large calice porté sur un pied élancé, ce qui le distinguait de la coupe ordinaire, était d'autant plus tenu pour objet de marque et de distinction entre les convives, qu'on lui supposait l'origine la plus ancienne. Ainsi l'on voit figurer, parmi les présents qui furent faits à l'abbaye de Saint-Denis par l'empereur Charles le Chauve, un hanap que l'on prétendait avoir appartenu à Salomon, « lequel hanap était si merveilleusement ouvré, que en tous les royaumes du monde ne fut oncques œuvre si subtile (délicate) ». L'inventaire du roi Charles V, dressé en 1380, donne la description de 14 hanaps et d'autant d'aiguières, pesant près de 96 marcs d'or, et de 177 hanaps d'argent doré et presque tous émaillés. Ce n'était déjà plus une coupe réservée à un seul personnage, mais un vase à boire pour chacun des convives.

Les orfèvres, les ciseleurs, les fondeurs en cuivre appelaient à leur aide tous les caprices de l'art et de l'imagination, pour décorer les hanaps, les aiguières, les salières : il est fait mention, dans les récits des chroniqueurs, dans les romans de chevalerie, et surtout dans les vieux comptes et inventaires, d'aiguières représentant des hommes ou femmes, des roses, des dauphins; de hanaps chargés de figures de fleurs et d'animaux; de salières en façon de dragons, etc.

Plusieurs grandes pièces d'orfèvrerie, dont l'usage a été plus tard abandonné, brillaient alors dans les festins d'apparat. Il faut citer notamment les *fontaines* portatives, qui s'élevaient au milieu de la table, et qui laissaient couler diverses sortes de liqueurs pendant tout le repas. Philippe le Bon, duc de Bourgogne, en possédait une qui représentait une forteresse avec des tours, au sommet desquelles étaient placées deux statues, une de femme dont les mamelles répandaient de l'hypocras, et une d'enfant qui versait de l'eau parfumée. Le célèbre voyageur Rubruquis trouva, au treizième siècle, au fond de la Tartarie, à la cour du grand Khan, une fontaine de ce genre, exécutée par un orfèvre parisien, et qui pesait 3,000 marcs d'argent.

Il y avait aussi les *nefs,* qui, du Cange le montre bien, étaient de grands bassins en forme de vaisseaux, destinés à contenir sous clef les cuillers, fourchettes, couteaux, *touailles* (serviettes), coupes, salières, etc.; les *drageoirs,* remplacés par nos modernes bonbonnières, et qui formaient autrefois de précieux coffrets ciselés et damasquinés; enfin, les *pots à aumône,* sortes d'urnes en métal, richement ciselées, qu'on plaçait devant les convives, pour que, suivant une vieille et charitable coutume, chacun d'eux y déposât quelques morceaux de viande, qu'on distribuait ensuite aux pauvres (voy. la planche du Frontispice).

Si nous jetons les yeux sur les autres menus objets qui complétaient le service de table : couteaux, cuillers, fourchettes, *guedousles,* garde-nappes, vinaigriers, etc., nous verrons qu'ils n'accusaient pas moins de recherche et de luxe que les pièces principales. Les fourchettes, qui nous semblent aujourd'hui d'un usage indispensable, se trouvent mentionnées pour la première fois en France dans les dernières années du treizième siècle; encore sont-elles rares un assez long temps, puisque l'usage s'en introduisit en Angleterre seulement sous le règne de Jacques Ier.

Ces fourchettes, grandes ou petites, n'ont que deux fourcherons et sont d'ordinaire emmanchées de cristal, de pierre ou d'ivoire.

Quant aux couteaux, qui devaient, simultanément avec les cuillers, suppléer aux fourchettes, pour aider les convives à porter les morceaux à la bouche, ils ont des titres d'antiquité incontestable. Le philosophe Posidonius, que nous citions tout à l'heure, dit, en parlant des Celtes : « Ils mangent fort malproprement et saisissent avec leurs mains, comme les lions avec leurs griffes, les quartiers de viande, qu'ils déchirent à belles dents. S'ils trouvent un morceau qui résiste, ils le coupent avec un petit couteau à gaîne, qu'ils portent toujours au côté. » De quelle matière étaient faits ces couteaux? L'auteur ne le dit pas; mais on peut présumer qu'ils étaient en silex taillé ou en pierre polie, comme les haches et les pointes de flèche qu'on retrouve fréquemment dans le sol habité par les anciens peuples, et qui rendent témoignage de leur industrie.

Dans le moyen âge, suivant Viollet-Leduc, il y avait diverses sortes de couteaux destinés à la table, par exemple les couteaux *parepaires*, servant à chapeler le pain et à couper les tranches de mie sur lesquelles on posait les pièces rôties ; les couteaux pour le maigre et pour le gras, les couteaux à imagerie, dont les manches étaient ornés de figures ; les couteaux de *queux* ou de cuisinier, les *kenivets* (d'où l'on a fait le mot *canif*), couteaux de poche avec étui ; des couteaux fermants ou à lame rentrante, tels que les modernes *eustaches*. Ces petits couteaux pour l'usage quotidien datent d'une époque très reculée. Le musée du château de Compiègne possède un couteau fermant, à manche d'os, qui est certainement d'origine gauloise.

Les cuillers, qui durent nécessairement être employées chez tous les peuples, du moment où ils adoptèrent l'usage des mets plus ou moins liquides, sont signalées presque à l'origine de notre histoire ; ainsi l'on voit, dans la Vie de sainte Radegonde, cette princesse, tout occupée de pratiques charitables, se servir d'une

Fig. 12. — Casse-noisette en fer du xvi⁰ siècle.

cuiller pour donner à manger aux aveugles et aux infirmes dont elle prenait soin. Ces objets étaient alors à manche court et à capsule ronde et peu profonde. Il y en avait en argent pour les riches, mais celles des gens de moyen état et du peuple étaient de cuivre, de fer, ou d'étain. A la fin du quinzième siècle, on en fabriqua beaucoup à manches d'ivoire ou d'ébène sculptés, avec agréments d'argent.

Nous trouvons, à une époque fort éloignée, les *truquoises* ou casse-noisette (fig. 12); cet ustensile est désigné dans un compte de la reine Jeanne d'Évreux en 1372 : « Une truquoise d'argent à casser les noisettes, pesant six onces. » Les *guedousles* avaient, à la forme près, la dispositions de nos huiliers à deux burettes, car on les décrit comme des espèces de bouteilles à double goulot et à compartiments, dans lesquels on pouvait mettre, sans les mêler, deux sortes de liqueurs différentes. Les garde-nappes étaient nos *dessous de plat,* faits d'osier, de bois, d'étain ou d'autre métal.

La fabrication du plus grand nombre de ces objets, quand ils étaient destinés aux gens de haute condition, ne laissait pas d'exercer le travail des artisans et le talent des artistes. Cuillers, fourchettes, guedousles, saucières, etc., fournissaient d'inépuisables sujets de décoration et de ciselure; les manches de certains ustensiles affectaient les formes les plus variées.

Les assiettes, jusqu'à l'époque où la céramique les rendit plus ou moins luxueuses, furent naturellement modelées sur les plats, dont elles ne sont qu'un diminutif. Mais, si ceux-ci étaient énormes, celles-là étaient toujours très petites, très plates si l'on servait des mets secs, et très creuses au contraire pour les mets liquides. Au douzième siècle, l'emploi en était assez rare; le bois, l'étain ou l'argent, suivant la condition des personnes, servit à les façonner.

Si de la salle à manger nous passons dans la cuisine, afin d'avoir quelques notions sur les ustensiles culinaires, nous sommes obligé d'avouer qu'antérieurement au treizième siècle les documents les plus circonstanciés sont à peu près muets à cet égard. Il est question pourtant, chez les vieux poètes et les vieux romanciers, d'immenses broches (*hastiers*), qui permettaient de faire rôtir à la fois une quantité de viandes différentes, des moutons entiers aussi bien que de longues files de volailles et de gibier ; ces broches étaient tournées par des valets devant le feu, car l'usage des tournebroches mécaniques à poids ne remonte pas plus

Fig. 13. — Atelier de tonnelier, grav. de J. Amman. xvie siècle.

loin que la fin du quatorzième siècle. Dans les palais ou maisons seigneuriales, la batterie de cuisine en cuivre avait une véritable importance, puisque la garde et l'entretien des chaudrons étaient confiés à un homme appelé *maignen* (désignation que le peuple attribue encore aux chaudronniers ambulants). Dès le douzième siècle existait la corporation des *dinans*, qui exécutaient au marteau, en battant et en repoussant le cuivre, des pièces à relief *historiées,* dignes d'entrer en comparaison avec les plus remarquables ouvrages de l'orfèvrerie. Certains de ces artisans jouirent d'une telle renommée, que leurs noms sont venus jusqu'à nous : Jean d'Outremeuse, Étienne de la Mare, Gautier de Goux, Lambert Patras, furent l'honneur de la *dinanderie.*

De la cuisine à la cave il n'y a souvent que quelques pas. Grands consommateurs et fins appréciateurs, à leur manière, du jus de la vigne, nos pères s'entendaient à loger convenablement sous des voûtes profondes et spacieuses les tonneaux qui contenaient leurs vins. L'art du tonnelier (fig. 13), encore presque inconnu en Italie et en Espagne, est très ancien dans notre pays, comme l'atteste ce passage du tome XVII des *Mémoires de l'Académie des Inscriptions* : « On voit, par le texte de la loi Salique, que, lorsqu'il s'agissait de transférer un héritage, le nouveau possesseur donnait d'abord un repas, et il fallait que les conviés mangeassent, en présence de témoins, sur le *tonneau* même du nouveau propriétaire, un plat de viande hachée et bouillie. On remarque dans le *Glossaire* de du Cange que, chez les Saxons et les Flamands, le mot *boden* signifie une table ronde, parce que chez les paysans le fond d'un tonneau servit d'abord de table. »

Un capitulaire de Charlemagne parle de *bons barils* (bonos barridos). Ces barils étaient fabriqués par d'excellents tonneliers, qui mettaient leurs soins à confectionner, avec des douves cerclées en bois ou en fer, les vaisseaux destinés à conserver le produit de la vendange. Un usage ancien, qui subsiste toujours pour les outres dans le Midi, voulait que l'intérieur des tonneaux fût goudronné, afin de communiquer au vin un goût particulier, qui nous semblerait peut-être nauséabond, mais qui était alors en grande faveur. Dans la suite, la charge de *barillier* devint importante chez les grands seigneurs. « Le duc de Bourgogne, » écrit Olivier de la Marche, « a deux barilliers, lesquels doivent livrer l'eau au sommelier, pour la bouche du prince, et avoir le soin des barils que l'on porte en la salle pour la grande des-

Fig. 14 et 15. — Lampes à suspension du xve siècle. D'après les miniatures de la Bible de Charles le Chauve.

pense. » Ces sortes de barils ou *barisiaux* étaient placés sur les dressoirs et contenaient habituellement des liqueurs; on les fabriquait de bois précieux, tels qu'alisier, érable, poirier, cœur de chêne, et souvent ils étaient richement ornés et supportés par des figurines.

Nous avons nommé les outres, ou peaux cousues et enduites de poix; ajoutons qu'elles datent des premiers temps historiques.

Employées encore dans les contrées où le transport des vins s'effectue à l'aide de bêtes de somme, elles furent longtemps usitées, surtout pour les voyages. Devait-on aller en quelque pays où l'on craignait de ne trouver rien à boire, on ne partait pas sans placer une outre pleine sur la croupe de sa monture, ou tout au moins sans porter en bandoulière une petite poche de cuir, remplie de vin. Les étymologistes veulent même que du nom de ces outres légères soit venu, par corruption, notre vieux mot *bouteille :* après avoir dit *bouchiaux, boutiaux,* on aurait dit *bouties* et *boutilles.* Lorsque, au treizième siècle, l'évêque d'Amiens partait pour la guerre avec l'arrière-ban de ses vassaux, les tanneurs de sa ville épiscopale devaient lui fournir en redevance « deux paires de bouchiaux de cuir, l'un tenant 1 muid, et l'autre 24 setiers ». Les bouteilles de cuir faites à Londres étaient fort estimées; celles de verre ne servaient alors qu'à contenir des liqueurs précieuses. Un des principaux officiers de la couronne, le *grand bouteiller,* percevait un droit sur le vin qui était mis en vente dans toute l'étendue du domaine royal.

Quelques antiquaires ont prétendu que le vin, lorsque la récolte avait été très abondante, se gardait dans des citernes bâties en briques, comme celles que l'on construisait naguère pour le cidre en Normandie, ou taillées dans le roc, comme on en voit quelques-unes dans le midi de la France; mais il est plus probable que ces anciennes citernes, qui remontent peut-être au delà du moyen âge, étaient essentiellement destinées au cuvage, c'est-à-dire à la fabrication du vin, et non à sa conservation, laquelle, dans des conditions si défavorables, serait devenue à peu près impossible.

Comment s'éclairaient nos ancêtres? L'histoire nous répond qu'ils adoptèrent d'abord l'usage des lampes à pied ou suspendues, à l'imitation des Romains; ce qui ne veut pas dire que, même aux époques les plus lointaines, l'emploi du suif et de la

Fig. 16. — Lit paré à baldaquin et à courtines, miniature d'un ms. du xive s. (Bibl. nat.)

cire fût absolument inconnu. Le fait est d'autant moins contestable que, dès l'origine des corporations de métiers, on trouve les faiseurs de chandelles et les ciriers de Paris régis par des statuts. Quant aux lampes, qui, comme aux temps antiques, se plaçaient sur des *fûts,* disposés à cet effet dans les habitations, ou se suspendaient en l'air au moyen d'un système de chaînettes (fig. 14 et 15), elles étaient faites, selon la condition des gens à qui elles devaient servir, de terre cuite, de fer, d'airain, d'or et d'argent, et plus ou moins ornées. Les lampes et les chandeliers d'or ou d'argent massif ne sont pas rares dans les inventaires du moyen âge.

Outre les petites lampes à suspension, on éclairait les églises et les vastes salles des châteaux avec des *lampiers,* appelés aussi *couronnes de lumières :* c'étaient de véritables lustres, munis de godets qu'on remplissait d'huile. La forme circulaire donnée aux lampiers paraît être la plus ancienne; d'où le nom de *roues* qu'on leur appliquait quelquefois. Plus tard, on en fit qui affectèrent la figure d'une étoile à six ou huit branches; il en existe aussi en forme de croix, d'après la mode byzantine suivie dans certaines églises. Aux quinzième et seizième siècles, les artisans fabriquaient des lampadaires, des flambeaux, des girandoles, en cuivre fondu et historié, représentant toutes sortes de sujets réels ou fantastiques; ces œuvres d'art étaient alors très recherchées.

L'usage des lampes étant à peu près général aux premiers âges de la monarchie, et la clarté quelque peu terne et fumeuse de ce luminaire n'ayant pas semblé jeter assez d'éclat dans les fêtes ou les assemblées solennelles du soir, la coutume s'était établie d'ajouter à leur éclairage un certain nombre de torches de cire ou de résine, que des valets portaient à la main. Le tragique épisode du ballet des Ardents, qui coûta la vie dans une mascarade à plusieurs jeunes seigneurs (29 janvier 1393), prouve que cette coutume, qu'on trouve signalée dans Grégoire de Tours, s'était perpétuée jusqu'au règne de Charles VI. Les torches de cire seront dans la suite réservées aux cérémonies religieuses, et le mot *cierge* est tiré du latin *cereus* (chandelle de cire).

Les Romains, en subjuguant l'Orient, y prirent et en rapportèrent des habitudes de luxe et de mollesse exagérées. Auparavant, ils n'avaient que des couchettes en planches, garnies de paille, de mousse ou de feuilles sèches. Ils empruntè-

Fig. 17. — Bahut en forme de lit, devant une cheminée, et chaise à coussinet, en bois façonné. Miniature du xve siècle. (Bibl. de Bourgogne, à Bruxelles.)

rent à l'Asie ses grands lits sculptés, dorés, plaqués d'ivoire, sur lesquels étaient entassés les coussins de laine et de plume, les plus belles fourrures et les plus riches étoffes servant de couvertures.

Ces modes passèrent, comme bien d'autres, des Romains aux peuples qu'ils avaient conquis. Excepté le linge, qui ne devait être employé que beaucoup plus tard, nous trouvons, dès la première race de nos rois, les diverses *pièces du coucher* à peu près telles qu'elles sont aujourd'hui : l'oreiller, le couvre-pied, la couverture, etc. Il n'est pourtant pas encore question de rideaux ou, comme on disait, de *courtines*.

« Ces lits, » dit Viollet-Leduc, « étaient beaucoup plus élevés du côté du chevet que vers les pieds, de manière que la personne couchée se trouvait presque sur son séant. Nous voyons cette forme persister jusqu'au treizième siècle. C'est par des amas de coussins plus nombreux et plus épais vers la tête que l'on donnait une grande déclivité à la couchette. » Au treizième siècle, on renonça au métal dans la fabrication des lits pour y substituer le bois, peint ou sculpté. « Ils se composent ordinairement d'une sorte de balustrade posée sur quatre pieds, avec un intervalle libre dans le milieu, pour permettre à la personne qui vient se coucher de se placer sans efforts entre ses draps (*linceuls*). » Ces lits sont bas, de la hauteur de nos canapés. Plus tard, on les recouvre de courtes-pointes flottantes, en soie, velours, drap d'or garni de fourrures; on les surmonte de ciels avec lambrequins, courtines et dossiers.

Le quinzième siècle renchérit sur le précédent quant au luxe des matelas, coussins et couvertures. On rembourrait les sommiers de plume, et les matelas de cosses de pois ou de paille.

Enfin, ils finissent par devenir, chez les rois et les nobles, d'une telle grandeur que ce sont de véritables monuments de menuiserie, où l'on ne monte qu'à l'aide d'escabeaux ou même d'échelles (fig. 16). L'hôte d'un château ne pouvait recevoir plus grand

Fig. 18. — Petite armoire à bijoux en bois sculpté, style de Jean Goujon. XVIᵉ s.

honneur que de passer la nuit dans le même lit que le seigneur châtelain; les chiens, dont les seigneurs, tous grands chasseurs, étaient constamment entourés, avaient le droit de coucher là où couchaient leurs maîtres; c'est ainsi qu'on explique ces lits gigantesques mesurant jusqu'à douze pieds de large. Les oreillers étaient, si l'on en croit les chroniques, parfumés avec des essences, des eaux odoriférantes; ce qui pouvait bien, on le comprend, n'être pas une précaution inutile. Nous voyons encore au seizième siècle François Ier témoigner son extrême affection à l'amiral Bonnivet en l'admettant quelquefois à l'honneur de partager son lit, et le duc François de Guise donner, après la bataille de Dreux, la même preuve d'amitié au prince de Condé, qu'il avait fait prisonnier.

Après avoir achevé la revue de l'ameublement proprement dit, il nous reste encore à parler de ce que nous pourrions appeler les meubles par excellence, c'est-à-dire ceux sur lesquels s'exerçait et faisait merveille tout l'art des ouvriers en bois : les grands *sièges d'honneur,* les *chayères* et fauteuils, les bancs et les *tréteaux,* qui étaient ornés d'*histoires* ou de figures en relief finement taillées au canivet; les *bahuts,* sorte de coffres au couvercle plat ou bombé, montés sur des pieds et s'ouvrant à la partie supérieure, couverts de cuir rembourré de *couettes,* ou de coussins, pour s'asseoir dessus (fig. 17); les *huches,* les buffets, les armoires, les coffres, grands et petits, les échiquiers, les tables à dés, les *pignières* ou boîtes à peignes, qu'ont remplacées nos toilettes, etc. De nombreux échantillons de ces divers meubles nous ont été conservés, qui attestent jusqu'à quel point de perfection et de recherche somptueuse l'ébénisterie et la tabletterie avaient su parvenir au moyen âge. Élégance, originalité de formes; incrustation des métaux, du jaspe, de la nacre, de l'ivoire; sculpture, placage varié, teinture des bois, tout est réuni dans ces meubles, ornés parfois avec une extrême délicatesse, et restés inimitables, sinon par les détails de leur exécution, au moins par leur harmonieux et opulent ensemble.

A l'époque de la renaissance, on imagina des buffets à nombreux tiroirs et à cases multiples, qui prirent en allemand le nom d'*armoires artistiques,* et qui n'avaient d'autre objet que de réunir dans le même meuble, sous prétexte d'utilité, tous les prestiges et tous les fastueux caprices de l'art décoratif. Les Allemands, à qui revient le mérite de s'être signalés les premiers

Fig. 19. — Cabinet en fer damasquiné d'or et d'argent. Travail italien du xvie siècle.

dans la fabrication de ces *cabinets* magnifiques ou *armoires,* eurent bientôt pour émules les Français (fig. 18) et les Italiens (fig. 19), qui ne se montrèrent ni moins habiles ni moins ingénieux en ce genre de travaux.

La serrurerie, qui peut à bon droit passer pour une des industries les plus remarquables du moyen âge, n'avait point tardé à venir en aide à l'ébénisterie pour l'ornementation ou la solidité de ses chefs-d'œuvre. Les garnitures de buffets et des coffres se distinguèrent par le bon goût et le fini du travail. Le fer semble prendre, entre les mains des habiles artisans, des artistes inconnus du douzième au seizième siècle, une ductilité, on pourrait dire une obéissance inouïe. Voyez dans les grilles des cours, dans les pentures des portes, comme ces rubans s'entrelacent, comme ces tiges découpéees s'allongent, à la fois solides et légères, pour s'épanouir avec une grâce naïve en feuillages, en fruits, en figures symboliques !

Les serruriers ne font pas, d'ailleurs, qu'appliquer le fer sur un ouvrage déjà préparé et fabriqué par d'autres artisans : le soin leur revient aussi de créer, de confectionner, d'ornementer des coffrets, des reliquaires ; mais surtout ils fabriquent les verrous (fig. 20), la serrure et la clef, double merveille dont les anciens spécimens seront toujours admirés. « Les serrures, dit M. Jules Labarte, étaient alors portées à un tel degré de perfection, qu'on les considérait comme de véritables objets d'art ; on les emportait d'un lieu à un autre, comme on aurait pu faire de tout autre meuble précieux. Rien de plus gracieux que les figurines en ronde-bosse, les armoiries, les chiffres, les ornements et les découpures, dont était enrichie cette partie de la clef que la main saisit (fig. 21), et que nous avons remplacée par un anneau commun. »

La verrerie et la vitrerie réclament une mention particulière.

L'art de faire le verre fut connu de toute antiquité, puisque la Phénicie et la vieille Égypte étaient déjà renommées au temps de Moïse pour leurs innombrables produits en sable vitrifié. A Rome, on coulait, on taillait, on ciselait le verre ; on le martelait même, si nous en croyons Suétone, qui raconte que certain artiste avait trouvé le secret de rendre le verre malléable. Cette industrie, répandue et perfectionnée sous les empereurs, passa à Byzance, où elle resta florissante pendant plusieurs siècles, jusqu'à ce que Venise, prenant largement sa place dans l'histoire des arts, importa chez elle les procédés de la verrerie byzantine pour

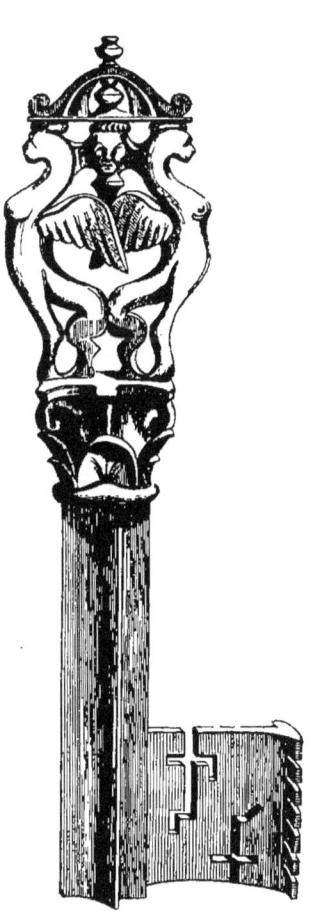

Fig. 20. — Verrou du xvi⁰ siècle, au chiffre d'Henri II (château de Chenonceaux).

Fig. 21. — Clef du xiii⁰ siècle, avec deux figures de Chimères adossées.

y exceller à son tour. En France, elle a été connue de tous temps, pour ainsi dire. Les Gaulois, avant la domination romaine, fabriquaient des objets de verre, et les fouilles opérées dans un grand nombre de localités ont amené au jour beaucoup de vases à boire, de colliers et de bracelets. Le moine Théophile, qui a composé au douzième siècle un traité des plus curieux sur les arts et métiers, dit que les Français sont très habiles à façonner des vases en verre de couleur.

Bien que les objets de verre, de cristal, peints, émaillés, gravés, figurent souvent dans les récits historiques et poétiques, ainsi que dans les énumérations mobilières du moyen âge, on sait qu'ils étaient dus principalement à l'industrie de la Grèce ou de Venise (fig. 22). Notre pays semble avoir fait assez tard le premier pas artistique dans cette carrière : les ouvrages en verre qu'on exécutait pour l'usage des gens riches ne sortaient guère des limites de l'industrie ordinaire. Il faut cependant remarquer qu'elle connaissait depuis bien longtemps la vitrerie, puisqu'au milieu du septième siècle on voit saint Benoît, dit Biscop, le grand bâtisseur d'églises et de couvents en Angleterre, venir en France chercher des ouvriers verriers, pour leur faire clore de vitres l'église et le cloître de son abbaye de Cantorbéry, et puisqu'il est dit, dans la chronique de Bède le Vénérable, que ces ouvriers français enseignèrent leur art aux ouvriers anglais.

Vers le quatorzième siècle, les fenêtres des maisons, même les plus communes, se garnissent généralement de vitres. Alors les verreries proprement dites subsistent et fonctionnent partout : peut-être ne rivalisaient-elles pas d'une manière éclatante avec leurs devancières de l'époque mérovingienne; mais elles produisaient à profusion toutes sortes d'objets usuels, ainsi qu'on peut en juger d'après les termes d'une charte de 1338, par laquelle le nommé Guionnet, pour avoir le droit d'établir une verrerie dans la forêt de Chambarant, est tenu de fournir en redevance à son seigneur, Humbert, dauphin de Viennois : 100 douzaines de verres, en forme de cloches, 12 douzaines de petits verres évasés, 20 douzaines de hanaps, 12 douzaines d'amphores, 20 douzaines de lampes, 6 douzaines de chandeliers, une douzaine de larges

Fig. 22. — Hanap vénitien en verre. (Fin du xve siècle.)

tasses, une grande *nef*, 6 douzaines de plats sans bords, 12 douzaines de pots, etc.

Nous venons de nommer Venise et de signaler sa célébrité dans l'art de travailler le verre. Ce fut surtout par la fabrication des miroirs et des glaces que cette industrieuse cité se fit connaître dans le monde entier. Les Romains, s'il faut en croire Pline, achetaient leurs miroirs de verre à Sidon, en Phénicie, où ils avaient été inventés à l'époque la plus reculée. Ces miroirs étaient-ils dès lors étamés? Il faudrait le croire, car une feuille de verre sans étamage ne constitua jamais qu'une glace plus ou moins transparente, laissant passer la lumière sans refléter les objets. Mais Pline n'affirme rien, et d'ailleurs, l'usage des miroirs en métal poli, qui venait des Romains, s'étant conservé fort longtemps chez les peuples modernes, on peut supposer que l'invention des miroirs de verre n'avait pas fait fortune, ou bien que le secret de leur fabrication s'était perdu. Au treizième siècle, un moine anglais a écrit un Traité d'optique, dans lequel il est question de miroirs doublés de plomb.

Toutefois, les miroirs d'argent pour les riches, de fer ou d'acier poli pour les pauvres, continuèrent à être employés, jusqu'à ce que, le verre étant tombé à bas prix et les glaces de Venise ayant été adoptées ou heureusement imitées dans tous les pays de l'Europe, on abandonna ces miroirs de métal, qui se ternissaient promptement et qui ne reflétaient pas les objets avec leurs couleurs naturelles. On garda la forme élégante des anciens miroirs à main, que les orfèvres continuèrent à entourer des plus gracieuses compositions, en remplaçant seulement la surface d'argent ou d'acier poli par une épaisse et brillante glace de Venise, ornée quelquefois de dessins à reflets, ménagés dans l'applique du vif-argent (fig. 23).

Après tous ces détails, le lecteur sera bien aise d'embrasser d'un coup d'œil l'ensemble de l'ameublement civil et d'avoir ainsi la synthèse après l'analyse. La figure 24, reproduite d'après le *Dictionnaire du mobilier français* de M. Viollet-Leduc, représente une chambre d'habitation du quatorzième siècle chez un riche seigneur.

La pièce que nous appelons aujourd'hui la *chambre à coucher*,

Fig. 23. — Miroir à main (revers). D'après une estampe de Delaulne, célèbre orfèvre français du xvie siècle.

et qui alors s'appelait simplement la *cambre* ou la *chambre*, contenait, outre le lit, qui était fort large, une grande variété de meubles destinés à l'usage ordinaire de la vie; car le temps que l'on ne consacrait pas aux affaires, aux plaisirs du dehors, aux réceptions solennelles et aux repas, se passait, pour les nobles comme pour les bourgeois, dans cette chambre. Après les premières croisades, les habitudes de bien-être s'étaient singulièrement développées en France : il suffit, pour s'en convaincre, de jeter les yeux sur les inventaires, de lire les romans et contes, d'étudier avec quelque soin les châteaux et habitations bâtis sous le règne de Charles V.

Une vaste cheminée permettait à plusieurs personnes de s'approcher du foyer. Près de l'âtre, était placée la *chaire* (siège d'honneur) du maître ou de la maîtresse. Le lit, placé habituellement dans un angle, entouré d'épaisses courtines, était bien abrité et formait ce qu'on appelait alors un *clotet,* c'est-à-dire une sorte de cabinet clos par des tapisseries. Près des fenêtres, des *bancals* ou bancs à dossiers drapés permettaient de causer, de lire, de travailler, en jouissant de la vue extérieure. Un dressoir s'élevait le long d'une des parois et recevait sur ses tablettes des pièces d'orfèvrerie précieuses, des drageoirs, des vases à fleurs. De petits escabeaux, des *faudesteuils,* des chaises et surtout de nombreux coussins étaient disséminés dans la pièce. Des tapis de Flandre et ceux qu'on appelait *sarrasinois* couvraient le sol, composé de carreaux émaillés, ou, dans les provinces du nord, de larges et épaisses frises de chêne poli. Ces pièces, vastes, hautes, sous lambris, communiquaient toujours à des escaliers privés par des cabinets et garde-robes, où se tenaient les serviteurs que l'on voulait avoir près de soi.

Ajoutons quelques mots sur le mobilier religieux.

On sait que dans les premiers siècles du christianisme les cérémonies du culte étaient empreintes de la plus grande simplicité,

Fig. 24. — Restitution d'une chambre seigneuriale au XIVe siècle. D'après Viollet-Leduc.

et que les enceintes où se réunissaient les fidèles se trouvaient le plus souvent dans un état de nudité presque absolue. Peu à peu le luxe s'introduisit dans les églises, la pompe dans l'exercice du culte, surtout à l'époque où l'empereur Constantin, en fermant l'ère des persécutions, se déclara le protecteur de la religion nouvelle. On cite, parmi les riches présents que ce prince distribua aux temples chrétiens de Rome, une croix d'or pesant 200 livres, des patènes du même métal, des lampes en forme d'animaux, etc.

Dans le septième siècle, saint Éloi, qui fut un orfèvre renommé avant de devenir évêque de Noyon, consacre tous ses soins, tout son talent à la confection des ornements d'église. Il recrute, parmi les moines des divers couvents soumis à son autorité canonique, tous ceux qu'il croit aptes à ces travaux d'art; il les instruit lui-même, il les dirige, il en fait d'excellents artistes; il transforme des monastères entiers en ateliers d'orfèvrerie, et nombre de pièces remarquables vont accroître la splendeur des basiliques mérovingiennes. Tels furent, par exemple, la châsse de saint Martin de Tours et le tombeau de saint Denis, que surmontait un toit de marbre, chargé d'or et de pierreries.

« Les largesses de Charlemagne, » dit M. Louandre, « ajoutèrent des richesses nouvelles aux richesses immenses qui déjà se trouvaient amassées dans les églises. Les mosaïques, les sculptures, les marbres les plus rares, furent prodigués dans les basiliques qu'affectionnait l'empereur; mais tous ces trésors furent dispersés par les invasions normandes. Du neuvième au onzième siècle, il ne paraît pas que l'ameublement ecclésiastique, à part quelques châsses et quelques croix, se soit enrichi d'objets notables, et, dans tous les cas, les monuments de cette époque et des époques antérieures, sauf quelques rares débris, ne sont point parvenus jusqu'à nous. C'est qu'en effet, outre des causes incessantes de destruction, on renouvela, vers la fin du onzième siècle, le mobi-

Fig. 25. — Autel de l'ancienne cathédrale d'Arras, aujourd'hui détruite. xiiie siècle. D'après un tableau du xvie siècle.

lier des églises, en même temps qu'on rebâtit ces églises elles-mêmes, et ce n'est qu'à dater de cette renaissance mystique que l'on commence à trouver, dans les textes, des indications précises, et dans les musées ou les temples, des monuments intacts. »

L'ameublement religieux se compose de l'autel, du retable, de la chaire, des ostensoirs, des calices, des encensoirs, des flambeaux ou lampes, des châsses, reliquaires, bénitiers, et de quelques autres objets, relativement moins importants, comme croix, sonnettes, hampes de bannières, auxquels il faut ajouter les images votives, ordinairement d'or et d'argent.

A l'origine du culte, l'autel adopte deux formes distinctes, tantôt figurant une table, composée d'un plateau en pierre, en métal ou en bois, supporté par des pieds ou des colonnes; tantôt simulant un tombeau antique ou coffre allongé, rétréci par la base, et recouvert de ce même plateau, qui forme invariablement le dessus ou la table de l'autel.

Outre les autels, plus ou moins monumentaux (fig. 25), qui étaient placés à demeure dans les églises, et qui dès les premiers temps furent installés sous des *ciboires,* sorte de dais ou baldaquins soutenus par des colonnes, on avait imaginé, pour répondre aux nécessités du culte, de petits autels *portatifs,* destinés à suivre partout les évêques ou les simples prêtres qui allaient prêcher la foi dans les pays dépourvus d'églises. Bède, qui vivait au huitième siècle rapporte que les deux Ewald offraient chaque jour le sacrifice de la messe sur une table consacrée qu'ils portaient avec eux. Ces autels, dont il est question dans les temps où la religion chrétienne n'était qu'imparfaitement répandue, disparaissent aussitôt qu'elle devient générale; mais ils se montrent de nouveau à l'époque des croisades, alors que les pieux pèlerins qui prêchaient çà et là la guerre sainte étaient obligés de dire la messe dans les champs et sur les places publiques, où les fidèles se réunissaient pour écouter leur parole et pour « prendre la croix ». M. Labarte en décrit un qui date du douzième siècle : il se compose d'une plaque de marbre lumachelle, incrustée dans une boîte de cuivre doré, de 36 centimètres de haut sur 27 de large et 3 d'épaisseur. Le dessus de la boîte est découpé de manière à laisser à découvert la pierre sur laquelle devait poser le calice, pendant la célébration de la messe.

Fig. 26. — Parement d'autel brodé en argent sur étoffe noire, représentant le convoi d'un religieux. xive siècle.

A toutes les époques du moyen âge, l'ornementation de l'autel fut partout l'objet du zèle le plus dévoué, des études artistiques les plus sérieuses. Parmi les merveilles de ce genre, il faut citer en première ligne l'autel d'or de Saint-Ambroise de Milan, qui date de 835, et ceux des cathédrales de Bâle et de Pistoie, qui appartiennent aux onzième et douzième siècles. Ces autels d'or, exécutés au marteau, ciselés et souvent émaillés, outre de remarquables sculptures figurant des scènes empruntées à la Bible, offraient ordinairement les portraits des donateurs.

Retables et tabernacles étaient travaillés avec non moins d'art et de richesse, et, aussi loin que remonte la fabrication ou l'importation des tapis, des broderies, des étoffes d'or et d'argent, on les voit constamment employés à couvrir, à orner, à rendre plus éclatants et plus majestueux l'autel et ses alentours, qu'on appelait le *sanctuaire* (fig. 26).

On distingua, dans le principe, plusieurs sortes de calices, entre autres ceux qui servaient d'habitude au célébrant, ceux avec lesquels on administrait aux fidèles la communion sous l'espèce du vin, et les calices du baptême, contenant le lait et le miel qu'on faisait prendre aux convertis. Il y avait, en outre, des calices destinés à l'ornement des autels, de poids et de dimensions souvent considérables. Anastase le Bibliothécaire en cite quelques-uns : dans la vie du pape Léon IV, il parle de dix grands calices suspendus en cercle et de quarante autres placés entre les colonnes d'un des autels de Rome, pesant ensemble 267 livres.

Pour la fabrication des calices, on employait des matières très diverses. Tout le monde connaît cette parole célèbre de saint Boniface, évêque de Mayence au huitième siècle : « Autrefois des prêtres d'or se servaient de calices de bois; maintenant, au contraire, des prêtres de bois se servent de calices d'or. » Mais le bois étant trop poreux, il fut défendu de l'employer, par respect pour le sacrement; aussi lui substitua-t-on pendant longtemps le verre, comme le firent saint Benoît et saint Césaire. Cependant les églises luttèrent à l'envi de richesse pour les vases sacrés : on voyait, en 871, à Laon un calice en onyx, rehaussé d'or et de diamants et, à Saint-Denis, un autre en sardoine, don de l'abbé Suger. A l'époque même des persécutions (fig. 27), les vases de l'autel étaient d'un métal précieux. Grégoire de Tours rapporte que Chilpéric rapporta de son expédition en Espagne soixante calices, quinze patènes, vingt coffrets pour renfermer le livre des Évangiles, et que tout cela était d'or et garni de pierreries.

Plus tard, et jusqu'au jour où les artistes de la renaissance, appelés à modifier l'orfèvrerie religieuse, en font des merveilles auxquelles ils prodiguent toutes les ressources de la fonte, de la cise-

Fig. 27. — Calice et plateau d'autel en or émaillé du IVe et du Ve siècle, trouvés près de Châlon-sur-Saône en 1846.

lure, de la glyptique, nous voyons que les calices ne cessent d'être ouvragés avec le plus grand soin, ornés avec la plus exquise recherche et rehaussés de tout l'éclat que l'art peut leur prêter.

Quant à la forme, les calices ont toujours plus ou moins reproduit les contours de la coupe antique, avec cette différence que, dans les premiers temps du moyen âge, ils étaient munis d'anses. A ce sujet, mentionnons un curieux passage du moine Théophile : « Si vous voulez, » dit-il, « appliquer des oreilles à un calice, dès que vous l'aurez battu, et avant de procéder à aucun autre travail, prenez de la cire, formez-en des oreilles et modelez-y des dragons, des animaux, des oiseaux ou des feuillages, de quelque façon que vous voudrez. »

Tout ce qui a rapport au calice peut se dire des ostensoirs, des *custodes*, qui servaient à renfermer et à exposer les hosties consacrées, aussi bien que de l'encensoir, qui venait du culte juif et qui affecta, selon les époques du christianisme, diverses formes mystiques et symboliques (fig. 28). D'abord, il fut composé, ainsi que le décrit M. Didron, « de deux sphéroïdes à jour, en cuivre fondu et ciselé, orné de figures d'animaux et d'inscriptions ». Il était, à l'origine, suspendu par trois chaînes, qui signifieraient, d'après la tradition, « l'union du corps, de l'âme et de la divinité dans le Christ ». Dans un autre âge, l'encensoir représenta en raccourci les églises ou chapelles à ogives; puis, à la renaissance, il changea encore de forme, pour prendre à peu près celle qui est actuellement adoptée.

L'éclairage des églises fut en quelque sorte réglé, dès le principe, sur celui des demeures princières et des maisons fastueuses. On y employa les lampes, fixes ou mobiles, et les lustres ou *couronnes de lumières*, formés d'un cercle de godets qu'on remplissait d'huile; on y fit usage de chandelles de cire, soutenues par des candélabres, pour la décoration desquels donateurs et artisans, les uns salariant les autres, firent assaut de talent et de générosité. Peut-être n'est-il pas inutile de faire remarquer ici que, même aux premiers temps du christianisme, la multiplicité des flambeaux dans les offices solennels fut d'un usage général, aussi bien le jour que la nuit. Les flambeaux de l'autel représentent les apôtres entourant le Sauveur; placés autour des morts, ils signifient que le chrétien trouve la lumière au delà du tombeau.

Le culte des reliques donna lieu à la création des châsses et reliquaires, sorte de tombeaux portatifs que les disciples de l'Évangile vouaient à la mémoire et à la glorification des martyrs et des confesseurs de la foi. Dès l'origine donc, en recueillant ces saintes reliques, auxquelles les fidèles reconnaissaient toutes sortes de pou-

Fig. 28. — Encensoir du xie siècle, rappelant la forme du temple de Jérusalem, autrefois à la cathédrale de Metz, aujourd'hui à Trèves.

voirs miraculeux, on fit en sorte de consacrer à cette dépouille mortelle, qui avait été, selon l'expression des écrivains ecclésiastiques, le temple du Dieu vivant, un asile splendide, digne de tant de vertus et de tant de miracles. De là est venue l'introduction des châsses dans les églises et des reliquaires dans les maisons particulières.

Quelques-uns de ces petits monuments étaient devenus dès le

septième siècle, par les soins de saint Éloi, de véritables prodiges de richesse matérielle et de travail artistique. On ignore cependant quelle était originairement la forme qui fut attribuée, par la liturgie chrétienne, aux châsses et aux reliquaires, quoique le mot latin (*capsa*), dont le mot *châsse* est dérivé, nous donne l'idée d'une espèce de boîte ou de coffre (fig. 29). Cette forme s'est maintenue longtemps par toute la chrétienté; mais la plupart des châsses d'orfèvrerie les plus anciennes, qui ne remontent pas au delà du onzième siècle, se présentent à nous, jusqu'au quatorzième, sous l'aspect de tombeaux. Il suffit de voir, pour en reconnaître le caractère particulier, les châsses des grandes reliques de Notre-Dame d'Aix-la-Chapelle, des Trois Rois à Cologne, de Saint-Taurin à Évreux, et surtout la belle châsse de Tournay.

Depuis 1400 environ, les orfèvres cherchèrent à reproduire en petit les chapelles ou églises, avec les modifications successives inspirées par le style architectural de chaque époque. Toujours est-il qu'il n'y a pas de matières précieuses ni de travaux délicats, qui n'aient été appelés à rendre plus magnifiques les châsses et les reliquaires : l'or, l'argent, les marbres rares, les pierres fines, y sont prodigués et remplacent les coffres en bois peint, revêtus de cuivre ou d'argent doré; la ciselure et l'émaillerie les décorent de figures et d'emblèmes, de scènes tirées des livres bibliques ou de la vie des bienheureux dont les restes y sont enfermés. Un des beaux modèles en ce genre était la châsse de saint Germain (1408), laquelle dépendait du trésor de l'abbaye royale de Saint-Denis.

On sait qu'à la naissance du christianisme le baptême s'administrait par immersion dans les rivières ou les fontaines. A une époque plus rapprochée de nous, on plaça pour cet usage, en dehors et à côté de chaque église, dans un petit édifice séparé, des bassins, des cuves plus ou moins vastes, où les néophytes étaient plongés pour recevoir le premier sacrement. Ces *baptistères* disparurent lorsque l'effusion de l'eau bénite sur le front du catéchumène fut définitivement substituée à l'immersion. Les *fonts bap-*

Fig. 29. — Coffret en bois de hêtre, recouvert de métal et de peintures, et où furent enfermés les cilices de saint Louis. Travail du xiiie siècle. (Musée du Louvre.)

tismaux devinrent alors ce qu'ils sont restés depuis, c'est-à-dire des espèces de petits monuments exhaussés au-dessus du sol, piscines, vasques ou bassins, rappelant, dans une forme réduite, les baptistères primitifs, et furent installés dans l'intérieur même de l'église, soit à l'entrée, soit dans une des chapelles latérales (fig. 30). A toutes les époques, on les fit de pierre, de marbre, de bronze, en les ornant de sujets analogues à la cérémonie du baptême. Il en fut à peu près de même des bénitiers, qui, placés traditionnellement à la porte du temple, affectèrent le plus souvent la forme d'une coquille ou d'une large amphore, quand on ne les fit pas d'une

Fig. 30. — Fonts baptismaux du xvie siècle. Église de Saint-Sauveur-le-Vicomte (Manche).

simple pierre creusée au centre, pour rappeler la cuve baptismale ancienne.

Nous ne devons pas oublier les croix d'autel et de procession, qui, figurant le signe de la croyance chrétienne, ne pouvaient manquer de devenir de véritables objets d'art, et cela dès les catacombes. Ce serait tomber en des redites inutiles qu'énumérer ici les matières diverses qu'on employait à la fabrication des croix, les formes variées qu'elles affectaient selon leur destination, les sujets et les figures qu'elles représentaient. Le statuaire, le fondeur, le ciseleur, l'émailleur, et même le peintre, s'associaient à l'orfèvre pour en faire souvent des chefs-d'œuvre.

Fig. 31 et 32. — Stalle et pupitre en bois sculpté de l'église d'Aoste (Italie). xve siècle.

La menuiserie et la ferronnerie, que nous avons vues faire merveille pour le mobilier civil, ne pouvaient manquer de se donner carrière dans le mobilier religieux. Ce fut surtout dans l'exécution des chaires à prêcher, des jubés, des boiseries et des stalles, que se distingua l'art du menuisier, qui cessait d'être un artisan pour devenir un artiste de premier ordre. C'est dans l'ornementation des grilles de chœur ou de tombeaux, des ferrures de portes, des verrous, des serrures et des clefs, que se manifesta le prodigieux talent des serruriers du moyen âge. Notons qu'à l'origine du culte la chaire consistait simplement en une sorte d'escabeau, sur lequel montait le prédicateur pour dominer son audi-

Fig. 33. — Stalle de la cathédrale de Rouen, bas-relief en bois sculpté.
xve siècle.

toire. Peu à peu, elle s'éleva sur des colonnes, et plus tard, mais seulement vers le quinzième siècle, nous la trouvons fixée à une grande hauteur, contre un des piliers centraux de l'église, et le plus souvent alors magnifiquement sculptée, ainsi que le dais ou *abat-voix*, qui la surmonte.

Pour se faire une idée du degré de perfection que sut atteindre la sculpture en bois du treizième au seizième siècle, il faut voir les stalles de Sainte-Justine de Padoue, des cathédrales de Milan et d'Ulm, de l'église d'Aoste (fig. 31 et 32), ou celles de nos églises de Rodez, d'Albi, d'Amiens, de Toulouse, de Rouen (fig. 33); et si l'on veut admirer un spécimen ancien de l'art des ouvriers en fer, il suffit de porter son attention sur les *pentures,* datant du treizième siècle, qui se déploient en arabesques sur les battants de la porte occidentale de Notre-Dame de Paris.

Nous n'avons voulu tracer ici qu'une rapide esquisse du mobilier des églises, sans toucher aux questions qui sont du domaine de la liturgie; quant à l'église même, considérée au point de vue monumental, c'est un sujet qui demande à être traité en détail dans un autre volume de cette collection.

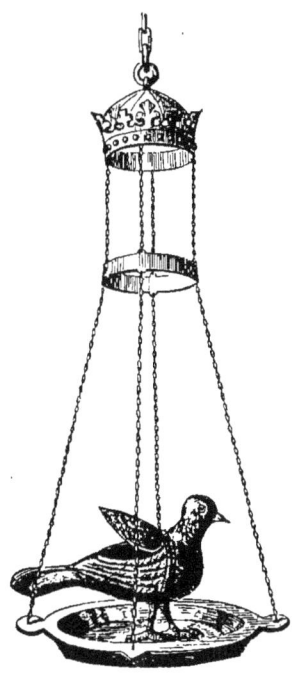

Fig. 34. — Colombaire suspendu au-dessus de l'autel. XIIIᵉ siècle.

TAPISSERIES.

Les origines de la tapisserie. — Fabrication de tapis dans les cloîtres. — La tapisserie de Bayeux. — Broderies. — Les tapis d'Arras. — Inventaire des tapisseries de Charles V. — Manufacture de Fontainebleau, sous François Ier. — La fabrique de l'hôpital de la Trinité, à Paris.

S'il est un art dont l'histoire, aux temps les plus reculés, offre un éclatant témoignage de l'industrie et de l'ingéniosité humaines, c'est, à coup sûr, l'art de tisser ou de broder des tapisseries ; car, aussi haut que nous puissions remonter dans les annales des peuples, nous trouvons cet art déjà florissant, déjà enfantant des merveilles.

Ouvrons d'abord la Bible, un des plus anciens documents historiques : elle nous montrera des étoffes tissées, non seulement au métier, mais encore à la main ou, pour mieux dire, richement brodées à l'aiguille sur un canevas de chanvre ou de lin. Ces étoffes magnifiques, lentement, minutieusement fabriquées, représentant toutes sortes d'images, figurées en relief et en couleurs, servaient de décoration pour le temple du Seigneur, et d'ornement pour les prêtres qui célébraient les cérémonies du culte. La description que l'*Exode* fait des rideaux qui entouraient le tabernacle peut nous en convaincre. Telles de ces broderies, à l'exécution desquelles on employait, concurremment avec des fils d'or et d'argent, la laine et la soie teintes, avaient reçu le nom d'*opus pluma-rii* (ouvrage imitant le plumage des oiseaux); telles autres, le voile du Saint des Saints, par exemple, qui représentait des chérubins en adoration, s'appelaient *opus artificis* (ouvrage de l'artisan), parce qu'elles sortaient des mains du tisserand, qui les fabriquait sur le métier en combinant, à l'aide de nombreuses navettes, la trame de laines et de soies de diverses couleurs.

Dans les traditions de la superbe Babylone, nous voyons également les tapisseries à figures exposer les mystères de la religion et perpétuer la mémoire des faits historiques. « Le palais des rois de Babylone, » dit Philostrate dans la *Vie d'Apollonius de Tyane*, « était orné de tapisseries tissues d'or et d'argent, qui rappelaient les fables grecques des Andromède, des Orphée, etc. » Le poète grec Apollonius de Rhodes, qui écrivait un siècle avant notre ère, répète, dans son poème des *Argonautes*, que les femmes babyloniennes excellaient dans la confection de ces étoffes somptueuses. Les fameuses tapisseries qui, du temps de Métellus Scipion, furent vendues 800,000 sesterces (environ 165,000 francs de notre monnaie), et achetées cent ans plus tard, au prix exorbitant de deux millions de sesterces (environ 412,000 francs), par Néron, pour couvrir les lits de ses festins, étaient de provenance babylonienne.

La vieille Égypte, qui paraît avoir été le berceau lointain d'une civilisation supérieure, se distingua, elle aussi, dans cet art merveilleux dont les Grecs attribuaient l'invention à la déesse Minerve, et qu'ils mentionnent à tout propos dans leur mythologie. La toile de Pénélope, qui retraçait les exploits d'Ulysse, est demeurée célèbre entre toutes. C'est sur une toile semblable que Philomèle broda, dans sa prison, l'histoire de ses malheurs, après que Térée lui eut coupé la langue pour l'empêcher de se plaindre à Progné, sa sœur, des outrages qu'il lui avait fait subir. A chaque instant, dans les poèmes d'Homère, sont mentionnées ou décrites des broderies du même genre, faites à l'aiguille ou au métier et destinées à servir de tenture décorative ou de parure, pour les hommes comme pour les femmes : Hélène, pendant le siège de Troie, travaille à reproduire sur un fin tissu les combats sanglants des héros qui s'égorgent en son nom; le manteau d'Ulysse représente un chien déchirant un faon, etc.

L'usage de broder des combats ou des chasses sur les habits semble avoir duré fort longtemps. Au dire d'Hérodote, certains peuples des environs de la mer Caspienne aimaient à représenter sur leurs vêtements des animaux, des fleurs, des paysages. Cet usage est signalé chez les païens par Philostrate, et chez les chrétiens par saint Clément d'Alexandrie; Pline le naturaliste, qui vivait dans le premier siècle de notre ère, en parle à plusieurs reprises dans ses ouvrages. Trois cents ans plus tard, Amasius, évêque d'Amasée, déplore la folie qui fait « attacher un grand prix à cet art de tisser, art aussi vain qu'inutile, qui, par la combinaison de la chaîne et de la trame, imite la peinture. Lorsque des hommes, vêtus des étoffes tissées de la sorte, ajoute le pieux évêque, paraissent dans la rue, les passants les regardent comme des tableaux qui marchent, et les enfants les montrent au doigt : il y a des lions, des panthères, des ours, des rochers, des bois, des chasseurs. Les plus dévots portent ainsi sur leurs habits le Christ, ses disciples et l'image de ses miracles : ici l'on voit les noces de Cana et les cruches d'eau changées en vin; là, c'est le paralytique chargé de son lit, ou la pécheresse aux pieds de Jésus, ou Lazare ressuscitant ».

Il suffit de feuilleter les écrivains du siècle d'Auguste pour apprendre que les salles des maisons opulentes étaient toujours tendues de tapisseries, et qu'on couvrait de tapis les tables, ou plutôt les lits sur lesquels s'asseyaient les convives.

Les tapis attaliques, notamment, lesquels furent ainsi nommés parce qu'ils provenaient de la succession léguée au peuple romain par Attale, roi de Pergame, étaient d'une magnificence indescriptible; Cicéron, qui s'y connaissait, en parle avec enthousiasme dans ses ouvrages.

Sous Théodose Ier, c'est-à-dire au déclin du grand empire qui allait bientôt se diviser, se morceler et enfin disparaître dans les nationalités nouvelles, un historien contemporain montre les « jeunes Romains occupés à faire de la tapisserie ».

Aux premiers temps de notre histoire, ces ingénieux et délicats travaux étaient, selon toute apparence, essentiellement réservés aux femmes et surtout à celles du plus haut rang. Toujours est-il que les riches tapisseries abondaient dans l'ameublement civil et religieux dès le sixième siècle, car Grégoire de Tours n'oublie pas les tentures brodées, ainsi que les tapisseries, dans la plupart des cérémonies qu'il décrit. Lorsque le roi Clovis abjure le paganisme et demande le baptême, « cette nouvelle portée à l'évêque le comble de joie; l'évêque ordonne de préparer les fonts sacrés; des toiles peintes ombragent les rues; les églises sont ornées de tentures ». Doit-on consacrer l'église abbatiale de Saint-Denis, « les murs en sont couverts de tapisseries brodées d'or et garnies de perles ». Ces tapisseries furent conservées longtemps dans le trésor de l'abbaye. Ce trésor reçut plus tard en présent de la reine Adélaïde, femme d'Hugues Capet, « une chasuble, un parement d'autel, ainsi que des tentures, travaillés de sa main », et Doublet, l'historien de cette antique abbaye, rapporte que la reine Berthe (celle dont notre vieux proverbe a fait une fileuse infatigable) broda sur canevas une suite de sujets historiques rappelant les titres de gloire de sa famille.

Aucun document ne nous autorise pourtant à faire remonter au delà du neuvième siècle la fabrication au métier des tapisseries et tentures en France; mais nous trouvons, à cette époque et un peu plus tard, des documents aussi précis que curieux, qui nous prouvent que cette industrie, laquelle avait alors pour objet principal l'ornementation des basiliques, s'était impatronisée en quelque sorte dans les maisons religieuses et y florissait. Les anciennes chroniques d'Auxerre racontent que le bienheureux Angelelme, évêque de cette ville, mort vers 828, faisait faire sous ses yeux de nombreux et riches tapis pour le chœur de son église cathédrale.

Cent ans après, nous trouvons une véritable manufacture installée au monastère de Saint-Florent de Saumur : « Au temps de Robert III, abbé, » dit l'annaliste de ce monastère, « l'œuvre ou fabrique du cloître s'enrichit de splendides travaux de peinture et de sculpture, accompagnés de légendes en vers. Ledit père, amateur passionné, rechercha et acquit une quantité considérable d'ornements magnifiques, tels que grands *dorserets* (dossiers) en laine, courtines, *factiers* (dais), tentures, tapis de banc et autres ornements, brodés de diverses images. Il fit faire, entre autres, deux tapisseries, d'une qualité et d'une ampleur admirables, représentant des éléphants, et ces deux pièces furent assemblées l'une avec l'autre, à l'aide d'une soie précieuse, par des tapissiers à gages. Il ordonna aussi de tisser deux dorserets en laine. Or, pendant qu'on fabriquait l'un de ces tapis, ledit abbé étant allé en France, le frère cellerier défendit aux tapissiers d'exécuter la trame selon le procédé accoutumé : « Eh bien, dirent ceux-ci, en l'absence de notre bon seigneur, nous n'abandonnerons pas notre travail; mais, puisque vous nous contrariez, nous ferons un ouvrage tout différent. » C'est ce qu'on peut vérifier aujourd'hui. Ils firent donc plusieurs tapis, aussi longs que larges, représentant des lions d'argent sur champ de gueules (rouge), avec une bordure blanche, semée d'animaux et d'oiseaux écarlates. Cette pièce unique resta, comme un modèle achevé de ce genre d'ouvrage, jusqu'au temps de l'abbé Guillaume;

Fig. 35. — Damas de soie arabe du xie siècle. (Musée de Bamberg.)

elle passa alors pour la plus remarquable des tapisseries du monastère. En effet, dans les grandes solennités, l'abbé faisait tendre le tapis aux éléphants, et l'un des prieurs, le tapis aux lions.

A peu près au même temps, Poitiers possédait une manufacture, dont les tissus, offrant des figures de rois, d'empereurs, de saints, etc., jouissaient d'une réputation européenne, ainsi que semble l'attester, entre autres documents, une singulière correspondance échangée, en 1025, entre un évêque italien, du nom de Léon, et Guillaume IV, comte de Poitou. Il faut se rappeler, pour comprendre le sens de cette correspondance, que le Poitou n'était pas moins renommé alors par ses mules que par ses tapisseries. L'évêque, dans une lettre, réclame du comte l'envoi d'une mule et d'un tapis, l'un et l'autre également merveilleux (*mirabiles*), qu'il lui avait demandés depuis six ans, et il promet de lui rembourser exactement tout ce que pourra coûter cette double acquisition. Le comte, qui avait l'esprit facétieux, lui répond : « Je ne saurais, quant à présent, t'envoyer ce que tu me demandes; car, pour qu'une mule méritât le nom de merveilleuse, il faudrait qu'elle fût cornue, qu'elle eût trois queues ou cinq pieds; mais je n'en saurais découvrir de ce genre dans notre pays : je me bornerai donc à t'envoyer une des meilleures qui se pourra trouver. Quant au tapis, j'ai oublié de quelle longueur et de quelle largeur tu le désires. Donne-moi de nouveau ces indications, et tu l'auras bientôt. »

Troyes, Beauvais, Reims, Arras, Saint-Quentin pratiquèrent également ce genre d'industrie, qui avait, selon toutes probabilités, été introduit dans la Gaule sous la domination romaine. Toutes les tapisseries de cette époque étaient *à haute lisse,* c'est-à-dire que la chaîne servant à faire le tissu était placée verticalement sur le métier. Au douzième siècle, on apporta d'Orient les tapis veloutés; on les appela *sarrasinois* pour en indiquer l'origine, et les artisans qui les imitèrent en France prirent le même nom, et formèrent une corporation particulière.

Ce n'était pas seulement dans nos provinces de France que florissait alors cette industrie de luxe. Dans la *Chronique des ducs de Normandie,* écrite par Dudon au onzième siècle, il est dit que les Anglais étaient d'habiles ouvriers en ce genre; or, pour désigner quelque magnifique broderie ou quelque riche tapis, on le qualifiait d'*ouvrage anglais* (opus anglicanum). La même chronique

Fig. 36. — Dalmatique byzantine, dite du pape Léon III, mais probablement du xiie siècle. Vêtement en soie d'un bleu sombre, brodé de plusieurs sujets en or et couleur. (Trésor de Saint-Pierre, à Rome.)

atteste en outre que la duchesse Gonnor, épouse de Richard Ier, duc de Normandie, fit avec l'aide de ses brodeuses, pour décorer Notre-Dame de Rouen, des tentures de lin et de soie, ornées d'histoires et d'images et représentant la Vierge Marie et les saints.

Enfin l'Orient, qui de tous temps s'était distingué dans l'art de produire les belles étoffes brodées, se signale encore, pendant le moyen âge, par ses tissus de laine ou de soie brochés d'argent et d'or. C'est de l'Orient que venaient alors d'opulentes étoffes, toutes chargées d'écussons et de figures d'animaux (fig. 35), et probablement aussi brodées à jour, qu'on appelait « étoffes sculptées, ou pleines d'yeux ».

Le bibliothécaire Anastase, dans son livre de la *Vie des Papes* (Liber pontificalis), qui a été rédigé antérieurement au dixième siècle, donne, en décrivant la décoration des églises, des détails aussi curieux que circonstanciés touchant le sujet qui nous occupe. Selon lui, dès le temps de Charlemagne, le pape Léon III, pour orner le maître-autel de l'église de Sainte-Marie, à Rome, fit faire « un voile de pourpre dorée, portant l'histoire de la Nativité et de Siméon, et au milieu l'Annonciation de la Vierge »; pour l'autel de Saint-Laurent, « un voile de soie dorée, portant l'histoire de la Passion de Notre-Seigneur et de la Résurrection »; il plaça sur l'autel de Saint-Pierrre « un voile de pourpre dorée, orné de pierres précieuses, où l'on voyait d'un côté l'histoire du Sauveur donnant à saint Pierre le pouvoir de lier et de délier, de l'autre la Passion de saint Pierre et saint Paul, d'une grandeur remarquable ». Dans le même ouvrage, plusieurs autres tapisseries sont signalées en termes tels qu'on a peine à s'imaginer la richesse et la beauté du travail de ces étoffes artistement ouvragées, qui, pour la plupart, devaient venir de l'Asie ou de l'Égypte.

C'est seulement au douzième siècle, après le retour des premières croisades, qui avaient mis les Occidentaux à même d'admirer et de s'approprier un luxe tout nouveau pour eux, que l'usage des tapisseries, en se propageant beaucoup plus encore dans les églises, passa dans les châteaux. Si, au milieu du cloître, les moines, pour se créer une occupation, avaient donné leurs soins minutieux au tissage de la laine et de la soie (fig. 36), à plus forte raison cette

Fig. 37. — Fragment de la *Tapisserie de Bayeux* (xiie siècle), lequel représente les funérailles de saint Édouard le confesseur, roi anglo-saxon, mort en 1066.

occupation devait-elle sourire aux nobles châtelaines confinées dans leurs manoirs féodaux. Ce fut alors qu'entourées de leurs suivantes, comme autrefois de leurs esclaves les matrones romaines, les belles dames, tout émues des récits de chevalerie dont elles écoutaient la lecture, ou inspirées par une foi profonde, se consacrèrent à reproduire, l'aiguille à la main, les légendes pieuses des saints ou les glorieux exploits des guerriers. Couvertes de touchantes histoires ou de belliqueux souvenirs, les froides murailles des grandes salles revêtaient ainsi une étrange éloquence, qui devait communiquer de beaux rêves aux esprits et de nobles élans aux cœurs.

Parmi les fragiles monuments de ce genre, il en est un qui n'a pu devoir qu'à son caractère vraiment prestigieux d'échapper à une destruction en quelque sorte inévitable. Nous voulons parler de la fameuse tapisserie de Bayeux, dite de la reine Mathilde ou Mahaut de Flandre, épouse de Guillaume le Conquérant : cet ouvrage représente la conquête de l'Angleterre par les Normands en 1066. S'il fallait accepter la vieille tradition à laquelle il doit son nom, il remonterait à la dernière moitié du onzième siècle.

Il est permis de douter aujourd'hui, à la suite de nombreuses discussions soutenues par les savants, que cette broderie soit aussi ancienne qu'on l'avait cru tout d'abord ; mais, bien qu'on la trouve pour la première fois mentionnée dans un inventaire, dressé en 1476, du trésor de la cathédrale de Bayeux, on peut, avec une sorte de certitude, la croire exécutée au douzième siècle par des femmes anglo-normandes, alors singulièrement renommées pour leurs travaux à l'aiguille, ainsi que l'atteste plus d'un auteur contemporain de Guillaume et de Mathilde. Suivant Augustin Thierry, au lieu d'être un présent de la reine à l'église de Bayeux, elle aurait été ouvrée en Angleterre, sur l'ordre et aux frais du chapitre de la cathédrale.

Cette tapisserie (fig. 37), qui a 51 centimètres de haut sur près de 70 mètres de long, est une pièce de toile brune, sur laquelle sont tracés à l'aiguille, avec de la laine couchée et croisée de huit couleurs différentes (couleurs qui pour la plupart semblent n'avoir rien perdu de leur fraîcheur primitive), une suite de 72 groupes ou sujets, accompagnés de légendes en latin mélangé de saxon, et qui comprennent toute l'histoire de la conquête, telle que la rapportent les chroniqueurs de l'époque, depuis le voyage d'Harold en Normandie jusqu'à sa mort après la bataille d'Hastings. Au premier aspect, cette broderie offre un ensemble de figures

Fig. 38. — Chasuble, étole et mitre de saint Thomas, archevêque de Cantorbéry. Étoffes et broderies du xiie siècle. (Cathédrale de Sens.)

et d'animaux grossièrement dessinés; tout cela pourtant a du caractère, et le trait primitif, qu'on retrouve sous les croisures de la laine, ne manque pas d'une certaine correction, qui rappelle la mâle naïveté du style byzantin. Les ornements de la double bordure, entre laquelle se déroule un drame composé de 350 personnes à pied ou à cheval, sont les mêmes que ceux des peintures de manuscrits au moyen âge : des lions, des oiseaux, des chameaux, des dragons, quelques fables d'Ésope, des scènes de chasse ; quelquefois la bordure entre dans la trame de l'histoire, et contient des allusions allégoriques.

Toute la richesse dont on peut décorer un tissu en y mêlant l'or, les broderies et jusqu'aux pierres précieuses, était, dans le même temps, employée pour les vêtements sacerdotaux, travail principalement dû à l'adresse et au goût naturel des femmes. Tantôt on reproduisait les ornements de l'Orient, tantôt on imitait les rinceaux qu'on voyait sculptés aux chapiteaux des églises : tels sont les habits pontificaux de saint Thomas de Cantorbéry, conservés dans le trésor de la cathédrale de Sens (fig. 38). Deux siècles auparavant, vers 995, la reine Adélaïde, femme d'Hugues Capet, faisait don à la basilique de Saint-Martin de Tours « d'une chasuble travaillée en or très pur », rapporte le moine Helgaud. « Entre les épaules, on voyait la majesté du Père éternel au milieu des chérubins et des séraphins en adoration ; sur la poitrine, l'Agneau de Dieu, liant quatre bêtes de divers pays. »

Nos broderies actuelles ne sauraient donner une idée des merveilles exécutées au moyen âge. « Les brodeurs, » dit M. Franklin dans *les Corporations ouvrières de Paris,* « étaient alors de véritables artistes, des peintres de grande valeur ; ils peignaient souvent eux-mêmes les modèles de leurs broderies sur des cartons, et ceux-ci étaient copiés ensuite avec une merveilleuse habileté et une patience qui ne semblait pouvoir s'expliquer que par la tranquillité du cloître ; de là, le nom *d'œuvre de nonnain,* donné à un certain genre de broderie d'une extrême finesse. Joinville raconte que Philippe le Hardi possédait un vêtement brodé à ses armes qui avait coûté 800 livres parisis (près de 10,000 francs de notre monnaie). Le duc de Bourbon, qui fut fait prisonnier à la bataille de Poitiers, portait une cotte d'armes brodée, sur laquelle étincelaient 600 perles, outre les rubis et les saphirs ; un Italien établi à Londres consentit à prêter sur ce gage 4,200 écus d'or. » La taille de l'année 1292 nous apprend qu'il y avait à cette date à Paris 14 maîtres brodeurs, occupant une centaine de personnes,

Fig. 39. — Ancien lacis. XIIIe siècle.

Fig. 40. — Ancien lacis. XIVe siècle.

parmi lesquelles les femmes entraient pour la plus grande part.

On a vu plus haut que vers les douzième et treizième siècles, sous l'influence des mœurs orientales, l'usage de s'asseoir sur des tapis s'était établi à la cour de nos rois. Dès cette époque aussi, on employa fréquemment les riches tapisseries pour former les tentes de guerre ou de chasse. On les déployait aux jours de fête, comme par exemple aux entrées des princes, pour cacher la nudité des murailles. Cette mode fut importée en Angleterre par Éléonore de Castille, femme du roi Édouard Ier. A son arrivée, en 1255, elle trouva les appartements qui lui étaient destinés, dans le palais de Westminter, décorés, par le soin de ses compatriotes, « de draperies tout en soie et de tentures suspendues qui leur donnaient l'apparence d'une église; le pavé était même recouvert de tapis, ce qui excitait, ajoute le chroniqueur Matthieu Pâris, la dérision et les moqueries du peuple ».

Les salles de festin étaient tendues de magnifiques tapisseries, qui rehaussaient encore l'éclat des *entremets* ou *intermèdes* qu'on jouait pendant les repas. Les tournois voyaient briller autour de leurs lices et se dérouler, du haut de leurs galeries, les étoffes qui représentaient d'héroïques histoires. Enfin, le *caparaçon,* ce vêtement d'honneur du destrier, étalait ses brillantes images aux yeux de la foule émerveillée. Dans l'intérieur des appartements, les tapisseries, soit de haute lisse, soit brodées sur un fond d'étoffe, servaient à séparer les pièces comme nos portières modernes, ou à entourer les lits en guise de courtines.

Il était d'usage que les tapisseries, fabriquées pour tel ou tel seigneur, portassent les armoiries de celui-ci et ses devises (fig. 39 et 40), en prévision sans doute des circonstances où elles pourraient être exposées publiquement, dans les entrées de rois, de reines et de grands personnages, dans les processions solennelles, dans les joutes et les tournois.

Au quatorzième siècle, les manufactures de Flandre, déjà renommées vers le douzième, prirent un très grand développement, et bientôt le succès des tapisseries d'Arras fut si général, qu'on désigna les plus belles tentures sous le nom de *tapis d'Arras,* bien que la plupart ne vinssent pas de cette ville (fig. 41). Notons qu'en Italie la qualification d'*Arrazi* est encore synonyme de tapis précieux.

Ces étoffes étaient le plus souvent exécutées en laine, et quelquefois en chanvre et en lin; mais, à la même époque, Florence et

Venise, qui avaient emprunté cette industrie de l'Orient, tissaient des tapis où se trouvent confondus la soie et l'or.

Un inventaire du 21 janvier 1379, qui existe en manuscrit à la

Fig. 41. — Mariage de Louis XII et d'Anne de Bretagne. Tapisserie en laine et en soie, avec mélange de fils d'or et d'argent, fabriquée en Flandre à la fin du xve siècle.

Bibliothèque nationale, et dans lequel sont consignés, en même temps que « tous les joyaux d'or et d'argent, toutes les *chapelles, chambres de broderies* et *tapisseries* du roi Charles V », peut donner une idée, non seulement de la multiplicité de tentures et tapis qui faisaient partie du mobilier royal, notamment à l'hôtel

Saint-Pol, mais encore de la diversité des sujets qui y étaient représentés.

Un petit nombre de ces tapisseries sont venues jusqu'à nous; parmi celles qui ont été détruites ou perdues, on peut remarquer : le grand tapis de la Passion de Notre-Seigneur, le grand tapis de la vie de saint Denis, le grand tapis de Bonté et Beauté, le tapis des Sept Péchés mortels, les deux tapis des Neuf Preux, celui des Dames qui chassent et qui *volent* (c'est-à-dire qui chassent à l'oiseau), celui des Hommes sauvages, deux tapis de Godefroi de Bouillon, un tapis de chapelle blanc, au milieu duquel se voient un « compas et une rose, armorié de France et de Dauphiné, et qui a trois aunes de long et autant de large »; un grand beau tapis « que le roy a acheté, qui est ouvraigé d'or, ystorié des Sept Sciences et de saint Augustin », le tapis de Judic (la reine qui doit figurer sur les cartes à jouer), un grand drap d'Arras représentant les batailles de Judas Macchabée et d'Antiochus; un autre « de la bataille du duc d'Aquitaine et de Florence »; un tapis « à ouvraige, où sont les douze mois de l'an »; un autre « de la Fontaine de Jouvent » (Jouvence); un grand tapis « semé de fleurs de lys azurées, lesquelles fleurs de lys sont semées d'autres petites fleurs de lys jaunes », ayant au milieu un lion et aux quatre coins des bêtes portant des bannières, etc.

La liste est interminable; encore faut-il ajouter à ces tapis *à images* les *tapisseries d'armoiries,* faites pour la plupart « en fil d'Arras », et portant les armes de France et de Behaigne (ces dernières étant celles de Bonne de Luxembourg, première femme du roi Jean, et fille du roi de Bohême). On y distinguait aussi un tapis « ouvré de tours, de daims et de biches, pour mettre sur le bateau du roi ». Il y avait les tapis dits *velus* ou velours, que nous appelons aujourd'hui *moquettes,* et qui n'étaient pas en moins grande quantité. On remarquait encore les *Salles d'Angleterre,*

Fig. 42. — Tapisserie du xvie siècle, conservée au musée de Dijon, représentant la procession faite en 1513 par le clergé et le peuple de Dijon, pour demander la délivrance de la ville, alors assiégée par les Suisses.

ou tapisseries venant de ce pays, qui, nous l'avons dit, s'était précédemment acquis une grande réputation dans cette industrie : parmi celles-ci, on en voyait une qui était *ynde* (bleue), *à arbres et à hommes sauvaiges, à bêtes sauvaiges et à châteaux*; d'autres *vermeilles, brodées d'azur*, avec bordure *à vignettes*, et l'intérieur *à lions, aigles et léopards*.

Charles V possédait encore, en son château de Melun, beaucoup de « soieries et tapis ». Au Louvre, on admirait, entre autres tapisseries magnifiques, « une très belle chambre verte, ouvrée de soie, semée de feuillages, représentant, au milieu, un lion que deux reines couronnent, et une fontaine où des cygnes se jouent, » etc.

Des anciennes tapisseries qui nous restent dans les musées ou les églises, la plupart remontent au quinzième siècle, comme celles de Nancy, d'Angers, d'Auxerre, de la Chaise-Dieu et de Valenciennes; au seizième appartiennent celles du siège de Dijon (fig. 42), de la légende de saint Remi à Reims (fig. 43), et les sujets mythologiques du château d'Anet.

Et qu'on n'aille pas supposer que les maisons royales offraient seules le spectacle de pareilles richesses; car il nous serait facile de trouver à faire mainte énumération analogue à celles qui précèdent, en interrogeant les inventaires des mobiliers seigneuriaux ou des trésors de certaines églises et abbayes. Ici, les tapisseries représentaient des sujets religieux tirés de la Bible, des Évangiles ou de la Légende des saints; là, des sujets historiques et chevaleresques, surtout des scènes de guerre ou de chasse (fig. 44). Au quinzième siècle, ce fut la mode de figurer des fables, des moralités. Par exemple, les fameuses tapisseries qui décoraient la tente de Charles le Téméraire à la bataille de Nancy (1477) font ressortir les dangers de la bonne chère, au moyen d'une suite de tableaux allégoriques. Le siècle suivant y substitua la mythologie païenne.

Le luxe des tapis était donc, on peut l'affirmer, général dans les hautes classes; luxe dispendieux, s'il en fut; car, outre que l'exa-

Fig. 43. — Fac-similé d'un dessin de la *Tapisserie de Reims*, représentant le sacre de saint Remi. xvi° siècle. (Cathédrale de Reims.)

men de ces merveilleux travaux nous indique qu'ils ne pouvaient être acquis qu'à un très haut prix, nous en trouvons dans les anciens documents plus d'une attestation formelle. Amaury de Geoire, tapissier, reçoit, en 1348, du duc de Normandie, pour « un drap de laine » sur lequel se voyaient « le vieil et le nouveau Testament », 492 livres 3 sous 9 deniers. En 1368, Huchon Barthélemy, changeur, reçoit 900 francs d'or pour un « tapis ouvré », représentant « la Quête du saint Graal » (le saint sang de Jésus-Christ), et en 1391 le tapis de l'*histoire de Theseus* est acheté par Charles V, au prix de 1,200 livres. En 1364, le même prince avait commandé, lors de son sacre à Reims, une tapisserie destinée à l'appartement de la reine : on y voyait représentés « 1,321 *pappegaus* (perroquets) en or et en soie », entremêlés de ses propres armes; la façon seule avait coûté 396 livres. Ces différentes sommes étaient vraiment exorbitantes, même pour l'époque.

Le seizième siècle, qui fut pour tous les arts une époque de perfectionnement et de progrès, communiqua une nouvelle impulsion à l'industrie des tapissiers. François Ier fonda à Fontainebleau une manufacture où l'on tissa des tapis d'une seule pièce, au lieu de les composer, comme on l'avait toujours fait jusqu'alors, de pièces séparées, cousues et raccordées ensemble. On mélangea aussi dans cette nouvelle fabrication les fils d'or et d'argent à la soie et à la laine.

Quand ce roi eut appelé d'Italie le Primatice (1541), il lui commanda les dessins de plusieurs tapisseries, qui furent exécutées dans les ateliers de Fontainebleau. Mais, tout en payant généreusement les artistes et ouvriers italiens ou flamands réunis dans les dépendances de son château, François Ier ne laissa pas d'employer encore les tapissiers parisiens, ainsi que la preuve s'en voit dans une quittance des sieurs Miolard et Pasquier, qui déclarent avoir reçu 410 livres tournois « pour commencer l'achat des étoffes et choses nécessaires pour une tapisserie de soie, que ledit

Fig. 44. — Tapisserie de chasse, provenant du château d'Effiat. xvᵉ siècle.

seigneur leur a ordonné de faire pour son sacre, suivant les patrons que ledit seigneur a fait dresser à cette fin, » et où doit être figurée « une Léda avec certaines nymphes, satyres, » etc.

Henri II fit mieux que conserver l'établissement de Fontainebleau (fig. 45) : il créa, en outre, à Paris, en obtempérant à la requête des administrateurs de l'hôpital de la Trinité, une fabrique de tapisseries dans laquelle les enfants de cet hôpital furent occupés à teindre la laine et la soie et à les tisser au métier en basse lisse et en haute lisse.

La nouvelle fabrique, soit qu'elle le méritât par l'excellence de ses travaux, soit qu'elle eût d'influents protecteurs, obtint tant de privilèges, que l'ordre public fut à plusieurs reprises violemment troublé, par suite de la jalousie des maîtres et ouvriers tapissiers, dont la corporation, nombreuse et ancienne, avait encore beaucoup d'autorité et de prépondérance.

La fabrique de l'hôpital de la Trinité continua à prospérer sous Henri III, et Sauval, dans son *Histoire des antiquités de Paris,* nous apprend que, sous le règne suivant, elle avait atteint son plus haut point de prospérité. En 1594, Dubourg y exécutait, d'après les dessins de Lerembert, les belles tapisseries qui, jusqu'à une époque très rapprochée de nous, ont décoré l'église de Saint-Merry. Henri IV, entendant beaucoup parler de ce travail, voulut le voir et en fut si satisfait qu'il résolut, dit Sauval, de restaurer à Paris les manufactures, « que le désordre des règnes précédents avait abolies ». Il établit donc Laurent, célèbre tapissier, dans la maison professe des Jésuites, qui était restée fermée depuis le procès de Jean Châtel, en allouant un écu par jour et 100 francs de gages par an à cet habile artiste, ses apprentis touchant 10 sous de pension quotidienne, et ses compagnons, 25, 30 et même 40 sous, selon leur savoir-faire. Plus tard, Dubourg et

Laurent, qui s'étaient associés, furent logés tous deux dans les galeries du Louvre. Henri IV, à l'exemple de François Ier, fit venir d'Italie d'excellents ouvriers en or et en soie, qu'il logea rue de la Tisseranderie, dans l'hôtel de la Maque, et qui y fabriquèrent surtout des tentures d'or et d'argent *frisé*.

Postérieurement au seizième siècle, les tapisseries exécutées à la

Fig. 45. — Fragment d'une tapisserie de Fontainebleau. XVIe siècle.

savonnerie, aux Gobelins, à Beauvais, etc., bien que plus parfaites sous le rapport du tissage, et par cela même qu'elles sont plus régulières comme dessin, comme entente des couleurs et de la perspective, perdent malheureusement leur naïveté du vieux temps et tout l'intérêt qui s'attachait, dans les anciens tapis, aux costumes, aux usages, aux meubles du moyen âge. « La renaissance, » a dit Achille Jubinal, « détournée de sa voie au lieu de suivre ses hardies et ingénieuses fantaisies, va se perdre dans une fade imitation de la forme grecque et romaine. » En touchant à l'époque de Louis XIV, les tapisseries prennent, sous l'influence de Le Brun et de son école, une ordonnance plus savante et se rapprochent des grandes compositions de la peinture, mais en perdant beaucoup de leur originalité primitive. L'idéal détrône le naturel; la convention, la spontanéité; ce sont là d'ingénieux, de jolis et même de beaux travaux, mais auxquels il manque ce qui fait la vie propre des œuvres d'art, le caractère.

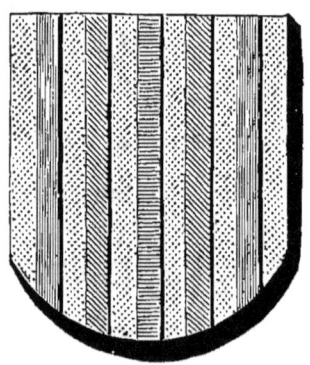

Fig. 46. — Bannière des tapissiers de Bordeaux.

CÉRAMIQUE.

Ateliers de poterie à l'époque gallo-romaine. — Influence probable de l'art oriental sur la renaissance de la céramique en Italie. — La majolique. — Luca della Robbia et ses successeurs. — Les carrelages émaillés. — Les poteries de Beauvais. — Invention et travaux de Bernard Palissy. — Faïence d'Henri II.

Sous la dénomination générale de *céramique* (du grec κέραμος, argile, terre à potier), on comprend la fabrication de toutes sortes d'objets en terre, en faïence, en porcelaine. Dès l'aurore de la civilisation, l'homme pratiqua l'art de pétrir l'argile et de la cuire au soleil ou au feu. Quant aux objets façonnés, la variété en est infinie, non seulement dans les procédés et les matériaux employés, mais encore par leurs usages. Les anciens ont fait des poteries, qui seront toujours regardées comme des modèles d'élégance et de goût.

On peut dire, avec M. Jacquemart, que « l'histoire céramique du moyen âge est environnée d'un voile qui probablement doit rester impénétrable. En effet, malgré les investigations incessantes des comités locaux, malgré la mise en lumière de chartes nombreuses, rien n'est venu résoudre les doutes de l'archéologie touchant les lieux où la fabrication des poteries a pris naissance parmi nous. »

Il est certain qu'à l'époque gallo-romaine, c'est-à-dire lorsque les Romains, devenus maîtres de notre pays, y eurent implanté leurs mœurs et leur industrie, la Gaule posséda de nombreux et considérables ateliers de poterie, qui multipliaient les ustensiles, les vases de toutes sortes, et qui, jusque vers le sixième siècle, continuèrent à fournir, en perpétuant les formes et les procédés anciens, des amphores, des terrines, des coupes à pied, des plats, des assiettes, des bouteilles. Obtenues à l'aide du tour, en terre grise, jaune, brune, et quelques-unes, les plus fines, couvertes d'un vernis brillant de la couleur et de l'aspect de la cire à cacheter rouge, ces pièces étaient souvent décorées avec beaucoup de soin et de délicatesse. On retrouve des vases entourés de guirlandes de feuillages, des coupes ornées de figures d'hommes et d'animaux, qui sont autant de témoignages d'une fabrication à laquelle l'influence de l'art n'était nullement étrangère (fig. 47).

Il est évident aussi que cette industrie, d'un ordre assez élevé, s'éteignit à peu près vers l'époque des invasions et des guerres dans le tumulte desquelles naquit la monarchie française, pour ne laisser subsister que le métier proprement dit, destiné à produire, pour les besoins de la vie commune, un ensemble d'objets grossiers et sans caractère.

Il faut croire, toutefois, que l'art de la céramique, qui avait brillé durant plusieurs siècles dans l'Occident, ne fit qu'émigrer au lieu de s'éteindre, et trouva, comme tant d'autres, une nouvelle patrie dans cette Byzance qui devait être l'asile des splendeurs antiques.

Quoi qu'il en soit, la céramique disparaît de notre sol pendant une longue période, et l'on se demande encore aujourd'hui quelle fut la véritable origine de sa renaissance. Reprit-elle vie d'elle-même, ou sous l'influence de l'exemple? Dut-elle son réveil à quelque immigration d'artisans, ou à quelque importation de procédés? Questions qui jusqu'à ce jour demeurent sans réponse.

CÉRAMIQUE.

La céramique que nous appellerons, peut-être improprement, moderne est, pour nous, caractérisée par l'emploi de l'émail, ou couverture des pièces à l'aide d'un enduit à base métallique que le feu du four vitrifie, procédé qui fut complètement ignoré des anciens.

Or, en fouillant des tombeaux qui dépendaient de la vieille abbaye de Jumièges (Normandie), et qui remontaient à l'an 1120, on y a trouvé des fragments de poterie, d'une pâte dure, mais poreuse, couverte d'une glaçure analogue à celle qui est employée de nos jours. On lit, en outre, dans une chronique de l'ancienne province d'Alsace, qu'en 1283 « mourut un potier de

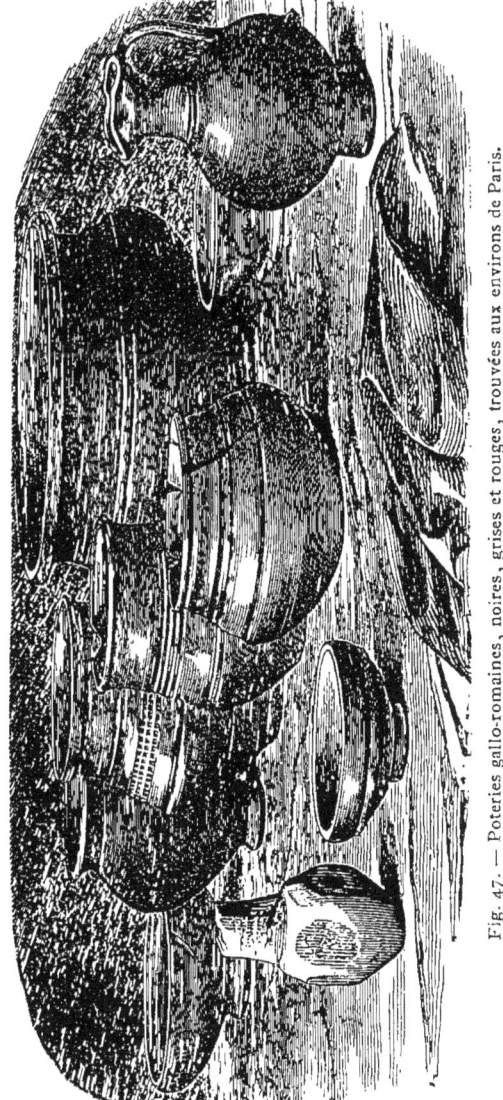

Fig. 47. — Poteries gallo-romaines, noires, grises et rouges, trouvées aux environs de Paris.

Schelestadt, qui, le premier, revêtit de verre (*vitro vestiebat*) les vases de terre ».

A l'époque même où s'effectuaient chez nous, ainsi qu'en Allemagne et en Italie, ces tentatives isolées, depuis longtemps déjà les Perses, les Arméniens, avaient trouvé, pour en couvrir l'extérieur de leurs monuments, l'art de confectionner de magnifiques poteries émaillées (fig. 48). De leur côté, les Arabes établis en Espagne enfantaient des merveilles de céramique peinte, émaillée, dont ils décoraient et meublaient ces palais, dont les ruines grandioses sont encore pour nous comme de féeriques visions du rêve ou de l'enchantement. Les vases de l'Alhambra, types d'un art aussi original que singulièrement ingénieux, font et feront toujours sans doute l'admiration des esprits qui savent apprécier le beau sous quelque forme qu'il se produise (fig. 49).

Et maintenant supposerons-nous que les relations de peuple à peuple et les transactions du commerce ont dû nécessairement faire connaître à l'Europe occidentale les plaques émaillées de l'Asie ou les chefs-d'œuvre des conquérants de l'Espagne? Dirons-nous, au contraire, que ce fut par un effort spontané d'invention que nos pères s'ouvrirent la voie dans un nouveau domaine de l'art?

D'une part, se présente l'opinion, pleine d'autorité, de Scaliger, qui affirme ce fait, en apparence fort significatif : à savoir, que des manufactures de poteries d'origine arabe existèrent, pendant le moyen âge, aux îles Baléares; notre savant ajoute même que, d'après l'étymologie la plus vraisemblable, le nom de *majolique*, qui fut donné d'abord aux produits italiens, les premiers venus dans la renaissance européenne de la céramique, dériverait de *Majorque* (dans la basse latinité *Majorica*), la plus importante des îles Baléares, et qui était le siège de la principale fabrique de

CÉRAMIQUE. 87

ces poteries. D'autre part, l'examen comparatif des productions arabes et des productions italiennes exclut toute idée, non pas

Fig. 48. — Faïence émaillée de la porte principale du mausolée de Tamerlan. xve siècle.

seulement de filiation, mais même d'imitation ou de réminiscence entre les unes et les autres.

Une autre opinion toute récente, s'appuyant sur les relations commerciales qui ont existé entre Pise et l'Orient depuis le dixième siècle, donna la Perse pour lieu d'origine à la majolique italienne.

Il serait aussi difficile qu'aventureux de se prononcer dans une question où les documents authentiques font défaut; mieux vaut, en négligeant les indices problématiques, aborder un ordre de faits aujourd'hui fixé par les preuves historiques.

« Au commencement du quinzième siècle, » nous ne pouvons mieux faire que d'emprunter à M. Jacquemart un passage qu'il a extrait lui-même de l'ouvrage italien de Passeri sur la Majolique (Pesaro, 1838, in-8°), « Luca della Robbia, fils de Simone di Marro, entra comme apprenti chez un orfèvre florentin, Leonardo, fils de Giovanni; mais bientôt, se sentant trop à l'étroit dans une officine, il se fit élève du statuaire Lorenzo Ghiberti, auteur des portes du Baptistère de Florence. Ses rapides progrès sous un maître si habile le mirent à même d'accepter, lorsqu'il touchait tout au plus à sa cinquième année, la mission d'orner une chapelle à Rimini, pour Sigismond Malatesta. Deux ans plus tard, Pierre de Médicis, faisant construire un orgue à Sainte-Marie des Fleurs, à Florence, chargea Luca d'y exécuter des sculptures en marbre (1405).

« La renommée qu'il acquit par ces travaux attira l'attention sur le jeune statuaire. Les commandes lui vinrent en si grand nombre qu'il comprit l'impossibilité de les exécuter en marbre ou en bronze; il supportait d'ailleurs avec impatience le joug de ces matières rigides, dont le maniement laborieux entravait les élans de son imagination. La terre molle et obéissante convenait bien mieux à la promptitude de son inspiration; mais Luca rêvait d'avenir et songeait à la gloire, et, dans le but de créer des œuvres moins périssables en même temps qu'elles seraient d'une rapide exécution, il consacra tous ses efforts à chercher un enduit qui pût donner à l'argile l'éclat et la dureté du marbre. Après bien des essais, le vernis d'étain, blanc, opaque, résistant, s'offrit à lui comme le but auquel il aspirait : la faïence était trouvée, qui reçut le nom de terre vitrifiée (*terra invetriata*).

« L'émail de Luca était d'un blanc parfait; il l'employa d'abord

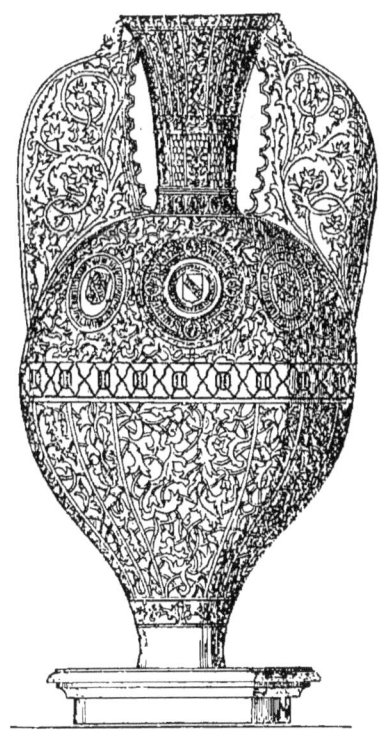

Fig. 49. — Vase de l'Alhambra, à Séville. xive siècle.

seul sur des figures en demi-relief qu'il détachait par un fond bleu. Plus tard, il entreprit de colorer ses figures, et Pierre de Médicis fut un des premiers qui en firent emploi pour la décoration des palais.

« La réputation du nouvel art se répandit avec rapidité : les églises voulurent toutes posséder quelque ouvrage du maître, en sorte que Luca fut bientôt obligé de s'adjoindre ses deux frères, Ottaviano et Agostino, pour répondre à l'empressement public. Il essaya cependant d'étendre l'application de sa découverte, en peignant sur une surface plane des fleurs et des compositions de figures; mais, en 1430, la mort vint trancher cette belle existence et suspendre dans les mains de l'inventeur les progrès de la *poterie émaillée* (fig. 50 à 52). »

La famille de Luca propagea le secret de sa découverte : son neveu Andrea, mort en 1527, laissa des œuvres d'un mérite remarquable. Un de ses petits-neveux, Girolamo, vint en France en 1528. Presque aussitôt, il fut employé à l'édification du château que François Ier fit élever dans le bois de Boulogne et qui fut appelé « château de Madrid », en souvenir de sa captivité. Notre artiste eut d'abord le double titre de « tailleur d'ymaiges et d'esmailleur », puis celui de directeur des travaux. Selon toute probabilité, il orna de quelques œuvres en terre émaillée l'extérieur et les appartements de ce palais, dont Philibert de Lorme désapprouvait la décoration brillante et qu'il qualifiait par moquerie de « château de faïence ». Jérôme mourut riche et honoré à Paris, le 4 août 1565; mais aucun de ses enfants ne cultiva son art.

Tel est l'historique de la rénovation ou, si l'on veut, de la création de l'art céramique en Italie.

A vrai dire, un auteur compétent, Passeri, signale quelques monuments d'une date plus reculée, entre autres un tombeau qui existait à Bologne, où se voyaient des briques recouvertes d'un vernis vert et jaune, et de grandes *écuelles* (basini) du même genre, incrustées dans les façades ou portiques des églises de Pesaro et de l'abbaye de Pomposa; on en a retrouvé de semblables dans une église de Lucera, ville fort ancienne du Napolitain, et appliquées à la décoration religieuse par les architectes dès le onzième siècle. Mais on peut fort bien remarquer, à

Fig. 50. — *La Nativité*. Terre cuite émaillée, de Luca della Robbia. xve siècle.

l'honneur de Luca della Robbia, que ces échantillons d'une industrie antérieure diffèrent essentiellement des produits sortant de ses mains, en cela que l'enduit qui les recouvre, et qui est à base de plomb, laisse par transparence voir la terre et les couleurs sur lesquelles il est appliqué; tandis que l'émail à base d'étain, trouvé par Luca, a pour caractère essentiel, au contraire, une opacité que nous qualifierons d'intense. En outre, pour décorer de peintures ses faïences, Luca posait sur l'enduit primitif et général des couleurs qui se fixaient par une cuisson ultérieure.

C'est même en acceptant la distinction que nous venons d'établir entre ces deux sortes de procédés, qu'on classe ordinairement les produits de la céramique italienne : la *demi-majolique*, à enduit transparent et participant de la poterie hispano-arabe, aussi bien peut-être que des carreaux asiatiques, et la *majolique*, ou faïence proprement dite, dans laquelle l'argile est recouverte d'un enduit ou vernis opaque, qui caractérise l'invention due à l'artiste italien.

Il est bon de rappeler ici, après avoir donné la priorité à l'invention de Luca della Robbia, que dès le onzième et le douzième siècle la France était en possession d'une espèce de céramique, qui servait particulièrement à la fabrication de carrelages en poterie vernissée. On a retrouvé beaucoup de ces carreaux de terre cuite avec des dessins et des ornements noirs ou bruns sur fond blanc ou jaune (fig. 53); plus tard, ces carrelages, dont les miniatures des manuscrits nous offrent de si brillants spécimens, surtout au quatorzième et au quinzième siècle, se couvrirent de dessins, d'emblèmes, d'armoiries et de devises.

Nous venons de le dire, l'élan qu'avait donné Luca della Robbia à l'industrie céramique se communiqua avec rapidité et une sorte d'universalité (fig. 54); et s'il était besoin de trouver à l'extension de cette industrie une autre raison que celle de sa valeur même, nous dirions que les circonstances au milieu desquelles Luca avait fait sa découverte étaient éminemment propres à en favoriser le développement.

Le luxe était grand alors dans toutes les classes qui pouvaient aspirer à en faire parade. On a vu, dans le chapitre consacré au

Fig. 51. — *L'Annonciation*. Terre cuite émaillée, de Luca della Robbia. Couvent de la Verna.

mobilier, jusqu'à quel point de somptueuse profusion les rois, les princes, les nobles poussaient la manie d'étaler leurs richesses. Nous avons notamment signalé, dans les salles à manger, ces dressoirs chargés de vaisselle et d'objets de toutes sortes, qui n'étaient mis là que pour l'éblouissement des yeux. Or, l'usage étant établi de ces *montres,* que pouvaient seuls se permettre les possesseurs d'une fortune considérable, on concevra sans peine que la vogue se soit presque aussitôt attachée aux productions de la céramique, qui d'ailleurs, acceptées comme œuvres d'art, se prêtaient merveilleusement, par leur nature et par la modicité relative de leur prix, au besoin d'étalage dont étaient pris les gens

Fig. 52. — Médaillon en faïence, de Luca della Robbia.

d'un rang secondaire. Il dut suffire que sur le dressoir d'un prince quelque pièce de majolique trouvât place parmi les pièces d'orfèvrerie qui jusque-là avaient exclusivement joui de ce privilège, pour que bientôt, dans une région inférieure de la bourgeoisie et du tiers état, il y eût des salles à manger où la majolique, soit seule, soit concurremment avec l'orfèvrerie, fournissait l'élément décoratif.

Et, partant de ce principe que les produits de la céramique reçurent droit de séance, avec un honneur en quelque sorte égal, parmi les produits de l'orfèvrerie, il arriva que l'industrie nouvelle, secondée par les premiers artistes, ne tarda pas à se distinguer par des créations à la fois charmantes et originales.

C'est à Florence qu'eut lieu, vers 1410, l'invention de Luca della Robbia; mais, dès que les procédés en furent connus, la plupart des villes d'Italie, notamment celles de la Toscane, virent s'élever des fabriques, entre lesquelles ne tarda pas de s'établir une singulière émulation : Pesaro, Gubbio, Urbin, Faenza, Ri-

Fig. 53. — Carreau en terre cuite jaune et noir. XIIe siècle.

mini, Forli, Bologne, Ravenne, Ferrare, Città-Castellana, Bassano, Venise, se distinguèrent à l'envi, et presque toutes surent donner à leurs produits une physionomie en quelque sorte individuelle.

Pesaro, qui d'ailleurs est le siège le plus ancien des ateliers de poterie décorative en Italie, et dont les procédés, tout en dérivant de ceux de Luca della Robbia, semblent participer aussi des vieilles méthodes espagnoles ou *majorquaines*, Pesaro nous offre un dessin d'aspect assez dur et raide. Les anciennes pièces sont habituellement ornées d'arabesques avec les armes de famille, ou de portraits; les contours sont tracés en noir de manganèse, les chairs restent de la couleur de l'émail, et les draperies seules sont remplies par une teinte uniforme; défauts rachetés par la perfection du vernis et par les reflets nacrés des émaux. C'est à Pesaro que fleurit le célèbre Lanfranco, dont le Musée céramique de Sèvres possède deux pièces; il inventa, en 1558, l'application de l'or sur la faïence, à une époque où les anciens procédés de dessin avaient cessé d'être employés dans cette fabrique, pour faire place à de délicates peintures, exécutées non plus par les maîtres renommés de l'Italie, au moins par d'intelligents élèves, formés d'après leurs leçons ou leur exemple.

La fabrique de Gubbio eut pour fondateur Georges Andreoli, qui, statuaire en même temps que *majoliste,* produisit des ouvrages aussi remarquables par la forme que par l'aspect. La palette minérale d'Andreoli était des plus complètes pour l'époque : les jaunes cuivreux, le rouge rubis, sont fréquemment employés dans ses ouvrages. Il reste des travaux signés de ce *maître* (qualification officiellement conférée par des lettres de noblesse) un plat qui fait partie de la collection de Sèvres avec la date de 1485 et une plaque représentant une *Sainte Famille.*

Urbin, dont les ducs, notamment Guidubaldo II, se déclarèrent les protecteurs les plus zélés de l'art céramique, fut illustré par Francesco Xanto, qui traitait, vers 1534, des sujets historiques en terre émaillée. Xanto eut pour successeur Orazio Fontana, surnommé *le Raphaël de la majolique,* et qui produisit, entre autres pièces magnifiques, des vases que plus tard Christine de Suède, émerveillée en les voyant, offrit d'échanger contre de la vaisselle d'argent de la même grandeur.

C'est à la fabrique de Deruta, située aux environs de Pérouse, que les sujets de fantaisie furent en premier lieu appliqués à la majolique. Bassano se signala par des paysages ornés de ruines; Venise se fit une célébrité par ses faïences légères à reliefs repoussés;

Fig. 54. — Armoiries en terre cuite émaillée. École des della Robbia. Musée de Florence.

Faenza est encore fière de son Guido Salvaggio; Florence, de son Flaminio Fontana, etc.

La majolique atteignit l'apogée de son éclat sous le duc d'Urbin que nous avons déjà cité, Guidubaldo II, qui ne recula devant aucun sacrifice pour que cet art fût introduit dans les fabriques placées sous son patronage. On le vit demander même à Raphaël, à Jules Romain, des dessins originaux destinés à servir de modèles, et, cet élan donné, il arriva que des peintres distingués, tels que Battista Franco, Raphaël dal Colle, vinrent mettre leur propre pinceau au service de la majolique. Aussi les pièces de cette période se distinguent-elles entre toutes par une entente de composition et une correction de lignes qui en font autant d'œuvres saillantes (fig. 55). Puis vint presque aussitôt la décadence. De plus en plus florissant jusqu'au milieu du seizième siècle, l'art des majolistes n'est plus à la fin du même siècle qu'une industrie bâtarde, livrée aux caprices de la mode, qui en a fait une productrice maniérée.

Presque à l'origine de la rénovation de l'industrie céramique, des ouvriers italiens étaient allés s'établir sur divers points, qui devinrent autant de foyers artistiques. L'Europe orientale eut pour initiateurs les trois frères Giovanni, Tiseo et Lazio, qui se fixèrent à Corfou. Les Flandres durent la connaissance des procédés à Guido de Savino, qui prit résidence à Anvers; et vers 1520 on trouve fonctionnant à Nuremberg une fabrique dont les produits, bien que différant essentiellement de caractère avec les majoliques italiennes, peuvent fort bien en dériver.

Ajoutons que des lettres du roi de France mentionnent dès 1456 des droits à percevoir sur les « poteries de Beauvais », et que, dans le *Pantagruel*, publié en 1535, Rabelais place, parmi les pièces du trophée de Panurge, « une saucière, une salière de terre et un gobelet de Beauvais »; ce qui prouve, comme le dit M. du Sommerard, « que dès lors il se fabriquait dans cette ville des ustensiles de terre assez propres pour figurer sur les tables avec l'argent et l'étain, » mais ce qui ne signifie pas forcément que la France n'eût plus à attendre l'homme de génie qui devait ne lui laisser rien à envier à l'Italie.

Vers l'an 1510, dans un petit village du Périgord, appelé la Capelle-Biron, naissait un enfant qui, après avoir reçu quelques

Fig. 55. — Hanap, faïence italienne du xvie siècle.

maigres éléments d'instruction, dut, tout jeune encore, chercher à vivre de son travail. C'était Bernard Palissy. Il apprit tout d'abord l'état de vitrier, ou plutôt d'assembleur et peintre de vitraux; et cet état, en l'initiant à la fois aux principes du dessin et à quelques manipulations chimiques, alluma chez lui une double passion pour les arts et pour les sciences naturelles. « Tout en *peindant* des images pour vivre, » comme il le dit lui-même dans un des livres qu'il a laissés, et qui peuvent donner la plus haute idée de cette nature aussi naïve que puissante, il s'appliqua à étudier les véritables principes de l'art dans les œuvres des grands maîtres italiens, les seuls alors en renom; puis, son état de verrier ayant dû à de nombreuses concurrences de devenir assez improductif, il s'adonna en même temps aux pratiques de la géométrie et mérita bientôt, dans le pays qu'il habitait, une certaine réputation comme « habile leveur de plans ».

Une occupation relativement aussi machinale ne pouvait suffire longtemps à l'activité d'un esprit avide de progrès. D'ailleurs, Palissy, en se livrant à ses travaux d'arpenteur, n'avait pas cessé de faire de curieuses observations sur la structure et la composition des couches terrestres. Pour tâcher d'éclaircir les doutes qui lui restaient, aussi bien que pour obtenir la confirmation matérielle du système qu'il avait déjà édifié, il se mit à voyager à travers la France et l'Allemagne : le résultat de ses voyages fut la création d'une théorie qui, après avoir longtemps fait sourire les plus grands esprits, ne devait pas moins former la première assise des principes qui sont aujourd'hui considérés comme les bases de la science géologique moderne.

Mais si la certitude qu'il pensait avoir acquise touchant les bouleversements antérieurs du globe lui avait dû causer quelque satisfaction morale, notre arpenteur, établi à Saintes depuis 1539, marié et père de famille, restait assez tristement délaissé de la fortune, et devait aviser à sortir de la gêne. Il faut l'entendre rapporter lui-même, à plus d'un quart de siècle de distance, et lorsque le succès a entièrement couronné ses efforts, les souvenirs de ses hasardeuses tentatives dans une voie nouvelle :

« Sache, » dit-il en son langage pittoresque, dont nous nous bornons à moderniser l'orthographe, « sache qu'il y a vingt-cinq « ans passés, il me fut montré une coupe de terre, tournée et « émaillée, d'une telle beauté, que dès lors j'entrai en dispute « avec ma propre pensée, en me remémorant plusieurs propos « qu'aucuns m'avaient tenus, en se moquant de moi, lorsque je

Fig. 56. — Ornement à figures d'un plat émaillé de Bernard Palissy. xvie siècle.

« peindais les images. Or, voyant que l'on commençait à les « délaisser au pays de mon habitation, et aussi que la vitrerie « n'avait pas grande requête (n'était pas fort demandée), je pensai « que si j'avais trouvé l'invention de faire des émaux, je pourrais « faire des vaisseaux de terre et autres choses de belle ordonnance, « parce que Dieu m'avait donné d'entendre quelque chose de la « pourtraiture (peinture de la céramique), et dès lors, sans avoir « égard que je n'avais nulle connaissance des terres argileuses, je

« me mis à chercher les émaux comme un homme qui tâte en
« ténèbres. »

On a beaucoup discouru et discuté pour arriver à assigner avec certitude à la belle coupe qui inspira Palissy tel lieu de provenance plutôt que tel autre. Quelle que fût l'origine de cette pièce, la question nous semble assez indifférente, puisqu'à l'époque où Palissy dut la voir, les fabriques italiennes, et même celles qui s'établirent ensuite çà et là, avaient pu répandre à peu près partout leurs produits, et puisque les œuvres qui restent de notre artiste attestent une manière vraiment personnelle et en quelque sorte sans précédents.

Le voilà donc recherchant, pilant toutes sortes de substances, les mélangeant, en recouvrant des débris de poterie qu'il soumet à la chaleur du four des potiers ordinaires, puis au feu plus puissant des verriers; ensuite, installant un fourneau dans sa propre maison, prenant à ses gages un ouvrier potier, à qui, faute d'argent, il se voit une fois obligé de donner en payement ses propres habits; tournant seul, pour broyer ses matériaux, un moulin qui exigeait ordinairement la force de « deux puissants hommes »; se déchirant les doigts en reconstruisant son four, que le feu avait fait éclater, et dont le mortier et la brique s'étaient « liquéfiés et vitrifiés », en sorte qu'il est forcé, pendant plusieurs jours, de « manger son potage ayant les doigts enveloppés de *drapeaux* (linge) »; poussant la conscience et le zèle du chercheur jusqu'à tomber sans connaissance quand il s'aperçoit qu'une fournée sur laquelle il avait compté présentait de nombreux défauts; jusqu'à détruire, en dépit du besoin d'argent, et bien qu'on lui en offrît un certain prix, des pièces qui, n'étant pas d'une parfaite venue, auraient pu causer « décriement et rabaissement à son honneur »; enfin, jusqu'à briser et jeter dans le feu, à défaut d'autre combustible, le plancher de sa maison et les meubles de son pauvre ménage.

Cet enfantement d'une magnifique découverte par la seule initiative d'un homme qui s'était dit qu'il réussirait, et qui, pour atteindre au but, endura héroïquement toutes les misères, toutes les privations, toutes les humiliations, ne dura pas moins de quinze années.

Fig. 57. — Ornement des faïences de Bernard Palissy. xvɪe siècle.

Il suffit de parcourir le récit autobiographique de cette lutte du génie aux prises avec l'inconnu, pour avoir la mesure de ce que peut oser et souffrir l'âme humaine que Dieu a marquée pour réaliser une des grandes conquêtes du progrès.

« Pour me consoler, » raconte Bernard Palissy, « on se moquait « de moi, et même ceux qui me devaient secourir » (il entend par là les gens de sa famille, sa femme, ses parents, qui n'étaient pas pénétrés aussi fortement que lui de la foi en son œuvre) « s'en

« allaient crier par la ville que je faisais brûler le plancher, et,
« par tels moyens, me faisaient perdre mon crédit, et m'estimait-
« on être fou... Les autres disaient que je cherchais à faire la
« fausse monnaie... M'en allais par les rues, tout baissé, honteux.
« J'étais endetté en plusieurs lieux et avais ordinairement deux
« enfants aux nourrices, ne pouvant payer leurs salaires. Tous se
« moquaient de moi, en disant : « Il lui appartient bien de mourir
« de faim, parce qu'il délaisse son métier. »

« En travaillant à telles affaires, je me suis trouvé l'espace de
« dix années si fort *escoulé* (amaigri) en ma personne, qu'il n'y
« avait aucune forme ni apparence de bosse aux bras ni aux
« jambes; mais étaient mes jambes toutes d'une venue, de sorte
« que les liens de quoi j'attachais mes bas de chausses étaient,
« soudain que je cheminais, sur les talons avec le résidu de mes
« chausses... J'ai été plusieurs années que, n'ayant rien de quoi
« faire couvrir mes fourneaux, j'étais toutes les nuits à la merci
« des pluies et vents, sans avoir aucun secours, aide ni consola-
« tion, sinon des chats-huants qui chantaient d'un côté, et les
« chiens qui hurlaient de l'autre...

« Me suis trouvé plusieurs fois qu'ayant tout quitté, n'ayant
« rien de sec sur moi, à cause des pluies qui étaient tombées, je
« m'en allais coucher à la minuit ou au point du jour, accoutré
« de telle sorte, comme un homme qu'on aurait traîné par tous
« les bourbiers de la ville, et en m'en allant ainsi retirer, j'allais
« *bricollant* (titubant) sans chandelle, et tombant d'un côté et
« d'autre, comme un homme qui serait ivre de vin, rempli de
« grandes tristesses, d'autant qu'après avoir longuement travaillé
« je voyais mon labeur perdu. Or, en me retirant ainsi souillé et
« trempé, je trouvais en ma chambre une seconde persécution
« (les plaintes de sa femme), pire que la première, qui me fait à

« présent émerveiller que je ne me sois consumé de tristesse... J'ai
« été en telle tristesse, que j'ai maintes fois *cuidé* (pensé) entrer
« jusqu'à la porte du sépulcre. »

Il avait pris pour devise : *Povreté empesche bons esprits de
parvenir*, et il fit à ses dépens une longue expérience de cette
amère vérité.

Fig. 58. — Four de Bernard Palissy, découvert dans les fouilles des Tuileries, en 1865.

Enfin, et malgré tous les contretemps, tous les déboires, tous
les martyres moraux et physiques, l'opiniâtre chercheur réussit
selon ses vœux, et met au jour ces pièces qu'il appela lui-même
du nom de *rustiques*, d'une originalité et d'un éclat si grands
qu'elles n'eurent qu'à paraître pour captiver l'attention et mériter
tous les éloges comme tous les profits (fig. 56 et 57).

On l'a vu tout à l'heure, c'était à Saintes que Palissy, en quête
de l'immortalité, subissait son rude noviciat. Un peu après qu'il

eut obtenu ces résultats définitifs, les affaires de religion ayant mis en émoi la Saintonge (1562), le connétable de Montmorency, qui fut envoyé pour réprimer le mouvement huguenot, eut occasion de voir les ouvrages de Palissy, demanda qu'on le lui présentât et se déclara dès le premier instant son protecteur. Ce mot doit être entendu ici dans le sens le plus large, car le potier, qui avait ardemment embrassé les idées de la Réforme, et qui plus tard préféra même la prison perpétuelle à l'abjuration (s'il ne mourut pas à la Bastille, du moins y fut-il renfermé à l'époque de la Saint-Barthélemy), avait besoin en effet d'être protégé, aussi bien pour sa liberté de conscience que pour l'exercice de son art. Montmorency, après l'avoir chargé de travaux considérables qui lui valurent le patronage de plusieurs autres grands seigneurs, ne lui obtint rien moins que la faveur royale. Palissy fut appelé à Paris, avec le titre d'*inventeur des rustiques figulines du roi et de la reine mère* (Henri II et Catherine de Médicis), logé d'abord dans le voisinage du lieu dit les Tuileries, et employé à embellir plusieurs châteaux, particulièrement celui d'Écouen, des chefs-d'œuvre de son art; mais de tous les travaux qu'il exécuta dans cette dernière résidence, il ne reste plus aujourd'hui qu'un pavé de faïence en place.

Il ne tarda pas à occuper la renommée, non seulement de ses travaux de céramiste, mais encore de ses idées de savant.

Dans la récente construction des Tuileries, on a retrouvé, en faisant une tranchée dans le jardin, l'atelier de Bernard Palissy, reconnaissable aux fragments et débris divers de poteries émaillées avec figures en relief, parmi lesquelles il y avait un grand morceau du plat de Palissy connu sous le nom de *plat du Baptême*, à cause du sujet qu'il représente.

En juillet 1865, en fouillant dans la partie du même palais où fut

CÉRAMIQUE. 107

placée la salle des États, on rencontra, en contre-bas du sol, deux fours à poterie (fig. 58), en grande partie bien conservés. L'un d'eux contenait les débris de ces manchons ou *gazettes*, que Palissy passe pour avoir inventés et qui servent à la cuisson des pièces

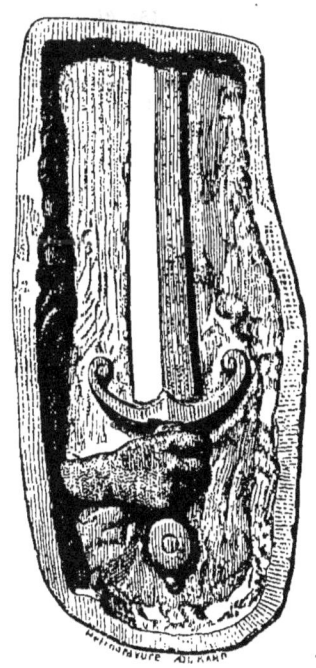 

Fig. 59 et 60. — Fragments de figures dont les moules ont été trouvés en 1865, dans un des fours de Bernard Palissy, aux Tuileries. xvie siècle.

fines, des empreintes d'ornements divers et des figures de haut-relief. Deux de celles-ci sont décrites par Palissy lui-même dans le *Devis d'une grotte pour la royne* (Catherine de Médicis) : « Je y vouldrois faire *certaines figures d'après le naturel,* voire imitant de si près la nature, jusqu'aux petits poils des barbes et des soursilz, de la même grosseur qui est dans la nature. » Particularités que l'on reconnaît dans les fragments des moules retrouvés; et, même page, Palissy ajoute : « *Item* il y en auroit un autre qui seroit *tout formé de diverses quoquilles maritimes;* sçavoir est les *deux yeux de deux coquilles, le nez, bouche et menton, front, joues, le tout de quoquilles, voire tout le résidu du corps.* » C'est ce qu'on a retrouvé en fragments, et aussi une main moulée sur nature et tenant une épée de forme ancienne (fig. 59). Parmi les fragments moulés sur le nu et sur les draperies est celui que nous reproduisons (fig. 60), ainsi indiqué par Palissy : « *Item* pour faire esmerveiller les hommes, je en vouldrois faire trois ou quatre (figures) vestus et coiffés de modes estranges, lesquelles habillements et coiffures seroient de *divers linges, toiles ou substances rayées,* si très approchant la nature qu'il n'y auroit homme qui ne pensast que ce fust la même chose que l'ouvrier avait voulu imyter. »

On voit combien Palissy, qu'on appelait *maître Bernard des Thuilleries*, méritait l'estime des souverains qui avaient voulu qu'il logeât près d'eux.

« Les poteries de Palissy, » c'est Jacquemart qui parle, « sont remarquables à plus d'un titre : d'une pâte blanche tirant sur le jaune grisâtre pâle, leur dureté, leur infusibilité égalent celles des faïences fines ou terres de pipe; c'est déjà un caractère propre à les faire distinguer des produits italiens, dont la terre est d'un rouge sale et sombre. L'émail a beaucoup d'éclat; il est dur et assez souvent tressaillé (fendillé); les couleurs sont peu variées, mais vives : c'est un jaune pur, un jaune d'ocre, un beau bleu d'indigo, un bleu grisâtre, un vert émeraude par le cuivre, un vert jaunâtre, un brun violacé, et le violet de manganèse. Quant au blanc, il est assez terne et bien loin de rivaliser avec celui des faïences de Luca della Robbia; aussi les plus persévérantes re-

Fig. 61. — Les Israélites devant le serpent d'airain, plaque en émail de Bernard Palissy. (Musée du Louvre.)

cherches de Palissy, qui inventa tous ses procédés, tendirent-elles à en augmenter l'éclat. Le dessous des pièces n'est jamais d'un ton uni : il est tacheté ou nuancé de bleu, de jaune et de brun violâtre.

« Il serait fort difficile, pour ne pas dire impossible, d'énumérer les formes diverses que Palissy a su donner à la terre émaillée (fig. 61); résumant en lui tous les talents de son époque, aussi habile dessinateur que modeleur intelligent, il trouve mille ressources d'élégance et de richesse, tantôt dans la multiplicité des reliefs et le galbe même du vase, tantôt dans le seul emploi des couleurs minérales.

« Dans un grand nombre de ses œuvres, notamment plats et bassins, on voit des objets naturels représentés avec une grande vérité de forme et de couleur; presque tous sont moulés sur nature et groupés avec un goût parfait; sur le fond, sillonné de courants d'eau où nagent des poissons de la Seine, surgissent des reptiles élégamment enroulés; des coquilles fossiles (n'oublions pas que Palissy était géologue) appartenant au terrain tertiaire des environs de Paris; sur le *marli* (talus qui borde le plat), parmi de délicates fougères étalées en rosettes, rampent et sautillent les écrevisses, les lézards, les grenouilles ventrues (fig. 62); l'exactitude des mouvements, la réalité des tons produits avec une palette restreinte, tout annonce un observateur scrupuleux, un artiste véritable.

« Ce n'est pourtant pas sur les ouvrages rustiques seuls qu'il convient de juger Palissy, mais bien aussi dans les vases où il a semé toutes les richesses ornementales de son époque, et où il s'est plu à développer sa verve de composition et sa science de dessinateur (fig. 63). Sous ce rapport, Palissy subit la loi commune à tous les artistes du seizième siècle; il est orfèvre. Par leur désinvolture,

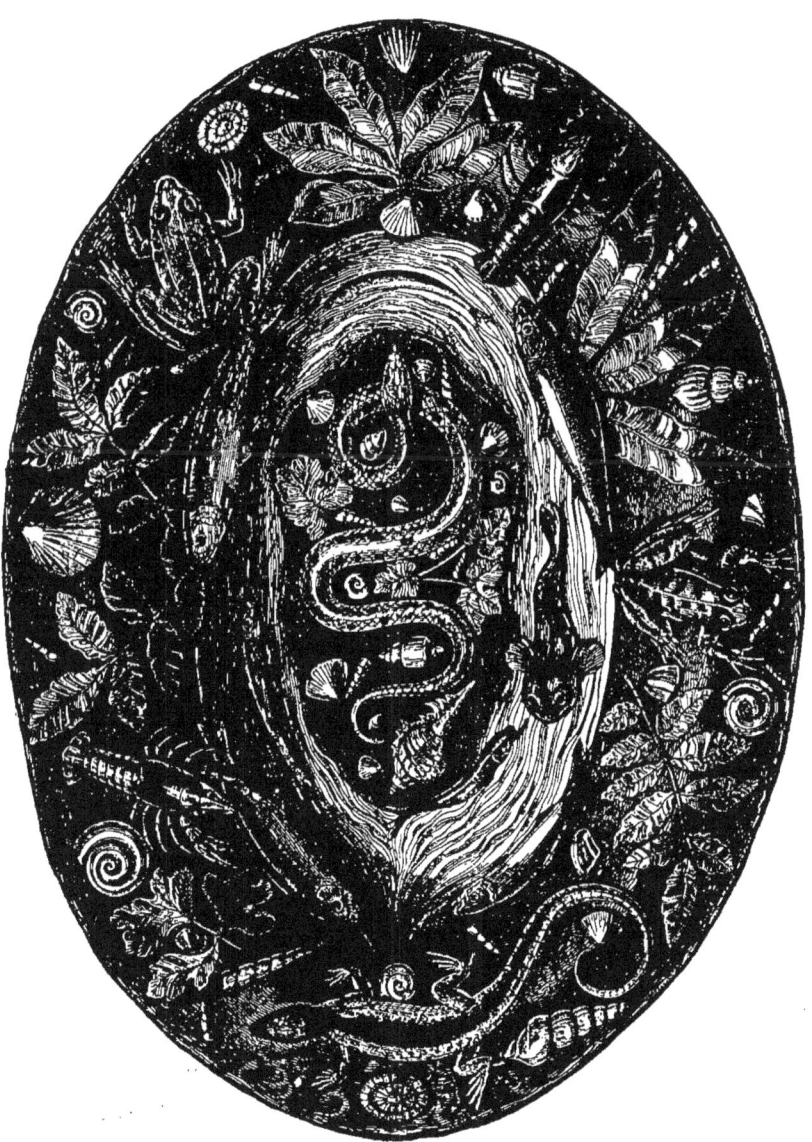

Fig. 62. — Plat émaillé de Bernard Palissy. (Musée du Louvre.)

leurs bordures frangées, leurs appendices figuratifs, ses vases rappellent le métal. Comment en eût-il été autrement? Benvenuto Cellini n'était-il pas alors, nous ne dirons pas le but de toutes les imitations, ce serait insulter aux artistes ingénieux de cette époque, mais au moins l'idéal vers lequel tendaient les aspirations des autres? Pour ce qui est de la figure humaine, la préoccupation constante de Palissy est de se rapprocher du type italien, et comme, sans aucun doute, l'école de Fontainebleau lui offrait les plus fréquents modèles, on retrouve dans la plupart de ses personnages cette gracieuse *élongation*, cette simplicité élégante qui arrive jusqu'à la manière dans les sculptures de Jean Goujon.

« Palissy ne se borna pas à faire des vases de petite et de moyenne dimension, pour orner les dressoirs, les buffets, les tables et les consoles; il éleva la poterie aux proportions les plus gigantesques dans ces *rustiques figulines,* destinées à décorer les jardins, les grottes, les fontaines et les vestibules des habitations somptueuses. Les châteaux de Nesle et de Chaulnes en Picardie, de Reux en Normandie et d'Écouen, et le jardin des Tuileries, en contenaient de remarquables échantillons. Tous ces travaux ont péri dans la dévastation des édifices qui les contenaient; un seul fragment de chapiteau, recueilli au musée de Sèvres, démontre la vérité des assertions des écrivains du seizième siècle touchant les créations monumentales du potier de Saintes. »

Après la mort de Palissy, survenue, à ce que l'on croit, en 1590, l'art qu'il avait inventé dépérit insensiblement pour disparaître bientôt presque complètement en France.

Ceci doit s'entendre du genre créé en propre par Bernard Palissy, et non de l'ensemble de l'industrie céramique, qui, prenant pour guides ou modèles les coquets produits italiens, de préférence aux œuvres vraiment magistrales de l'artiste français, ne laissa pas de témoigner encore d'une certaine vitalité. Parmi les

CÉRAMIQUE. 113

divers centres qui méritèrent alors la notoriété, nous devons particulièrement citer Nevers, d'où sortirent une foule d'objets que

Fig. 63. — Hanap, faïence de Bernard Palissy, xvie siècle. (Musée du Louvre.)

caractérise la représentation de sujets empruntés aux époques biblique, romaine et contemporaine. La fabrique de Rouen pourrait bien n'être pas antérieure aux premières années du dix-septième siècle; elle dut évidemment fournir sa bonne part de vaisselle de table, alors que, pour faire face aux désastreuses dépenses de la guerre, les courtisans, à l'exemple de Louis XIV, envoyèrent leur argenterie à la Monnaie et se mirent *en faïence,* comme dit Saint-Simon. Montreuil-sur-Mer produisit des vases à jour remarquables.

Fig. 64. — Pot à eau à quatre anses. Faïence allemande. XVIᵉ siècle.

Fig. 65. — Cafetière oviforme. Faïence allemande. XVIᵉ siècle.

Mentionnons la poterie hollandaise, dite *porcelaine de Delft,* qui au dix-septième siècle commença de prendre place sur tous les dressoirs et buffets, et qui, selon Brongniart, proviendrait d'une fabrique fondée peut-être antérieurement au seizième siècle. Nous indiquerons aussi la faïence à relief (fig. 64 et 65), qui a été cultivée avec un véritable talent en Allemagne, surtout dans la ville

Fig. 66. — Coupe en faïence d'Henri II ou d'Oyron, XVIe siècle.

de Nuremberg : on voit au Louvre et au musée de Cluny de magnifiques spécimens de plaques émaillées et de vases aux formes architecturales, ornés de figures. La majolique était également en honneur sur les bords du Rhin. On trouve maintes pièces datées des dernières années du seizième siècle que l'identité de formes ou l'analogie de sigles avec les œuvres primitives avaient d'abord fait classer parmi les majoliques italiennes. Cependant, la plupart de ces pièces, décorées d'armoiries et d'arabesques, auxquelles sont, en général, mêlées des légendes latines ou allemandes, portent au revers un chiffre formé de lettres gothiques, qui ne laisse aucun doute sur la patrie de l'artiste.

Pourquoi ce nom de *faïence* donné communément en France, presque dès la renaissance de l'art céramique, aux produits de l'industrie nouvelle? Les uns répondent : parce que *Faenza* fut parmi les fabriques italiennes la première dont les poteries peintes et ornementées se répandirent chez nous, en acquérant une grande réputation. D'autres trouvent, en France même, dans la Provence, près de Fréjus, un petit bourg, appelé *Faïence,* où la fabrication des terres émaillées était en pleine activité avant qu'il en fût question ailleurs, et qui aurait donné son nom à la poterie que les Italiens appelèrent *majolique,* ce qui n'irait à rien moins qu'à ôter le mérite, sinon de l'invention, au moins de la priorité, à Luca della Robbia. Par malheur pour cette dernière opinion, ceux qui l'émettent ne peuvent fournir à l'appui de leur dire aucun détail certain sur la nature des produits qui sont attribués à cette localité, et qui auraient dû être mis par leur célébrité même à l'abri de la destruction. Tout ce que l'on peut dire, c'est que le nom de Faenza avait été francisé sous celui de Faïence, et qu'on trouve cette ville ainsi désignée chez les auteurs du seizième siècle. En l'absence de documents positifs, c'est un différend dans lequel un jugement décisif est difficile à porter.

Il nous reste à signaler un petit groupe de produits qui ont été désignés par les connaisseurs sous le nom de *faïences fines d'Henri II*, et dont l'ensemble des échantillons connus ne se compose que d'une quarantaine de pièces. Le siège de cette fabrication, qui apparaît pour ainsi dire isolée, car elle fait disparate avec tous les produits contemporains, est resté longtemps inconnu. « Quant à la date, elle est irrécusablement inscrite sur les vases, qui portent les uns la salamandre de François Ier, les autres les armes de France avec les trois croissants entrelacés qui formaient l'emblème d'Henri II. Ce sont des coupes (fig. 66), des aiguières, des biberons, des sucriers ovales, des salières et des flambeaux. La forme en est riche et pure, relevée de moulures élégantes. Sur la pâte, d'un blanc jaunâtre, recouverte d'un vernis cristallisé à base de plomb, et par conséquent transparent, serpentent des zones d'un jaune d'ocre, lisérées d'un brun foncé, enlacées avec toute la richesse inventive qui caractérise l'époque; de petits dessins en vert, en violet, en noir et plus rarement en rouge, rehaussent cette décoration. »

Si l'on ignore encore le nom de l'artiste à qui l'on doit attribuer la création de ces œuvres, on a fini par découvrir leur lieu d'origine, qui est le bourg d'Oyron, dans le Poitou.

HORLOGERIE.

Le gnomon, la clepsydre, le sablier.— Gerbert invente l'échappement et les poids moteurs. — La sonnerie. — *Maistre Jehan des Orloges.* — Les jacquemarts. — La première horloge de Paris. — Premières horloges portatives. — Invention du ressort spiral. — Les montres. — Corporation des horlogers. — Horloges fameuses. — Charles-Quint à Saint-Just. — Le pendule.

Il y avait chez les anciens trois instruments pour mesurer le temps : le *gnomon*, ou cadran solaire, qui n'est, comme on sait, qu'une table sur laquelle des lignes convenablement disposées et successivement rencontrées par l'ombre que projette un *style*, indiquent l'heure de la journée, d'après la hauteur ou l'inclinaison du soleil; la *clepsydre*, qui a pour principe l'écoulement mesuré d'une certaine quantité d'eau, et le *sablier*, où le liquide est remplacé par du sable.

Il serait difficile de savoir auquel de ces trois procédés chronométriques il faut attribuer l'âge le plus reculé. Toujours est-il qu'au dire de la Bible, dans le huitième siècle avant Jésus-Christ, le roi Achaz fit construire à Jérusalem un cadran solaire; qu'au dire d'Hérodote, ce fut Anaximandre qui importa le gnomon en Grèce, d'où il passa dans le monde civilisé d'alors, et que, l'an 293 avant notre ère, le dictateur Papirius Cursor fit, au grand ébahissement de ses concitoyens, tracer un cadran solaire près du temple de Jupiter Quirinus, à Rome.

Un acte français, conservé sous la date de 1267, parle de cadrans solaires, supportés par des colonnes et placés au bord des routes; et peu de temps après, il est question d'autres cadrans sculptés à l'angle des édifices.

Pour indiquer les heures aux ouvriers qui édifiaient la célèbre église de Brou, près de Bourg en Bresse, laquelle avait été commencée en 1506, on construisit au-devant de l'édifice un cadran horizontal, dont le grand axe a 10 mètres et le petit $8^m,50$. Ce qui rend cette horloge solaire remarquable, c'est l'absence de style; l'observateur y supplée en se plaçant lui-même sur la lettre qui marque le nom du mois courant, et son ombre lui indique l'heure. Cet horaire fut d'abord construit en larges briques vernissées; usé par le frottement des passants et des voitures, il menaçait de disparaître lorsque l'astronome Lalande le fit rebâtir, en 1756, à ses frais, en substituant la pierre taillée à la brique.

L'épigramme suivante est devenue proverbiale :

> Cadran solaire et faux amis
> Parlent tant que le soleil luit
> Et se taisent quand il s'enfuit.

Selon la description qu'en fait Athénée, la clepsydre primitive était composée d'un vase de terre ou de métal, qu'on emplissait d'eau et qu'on suspendait au-dessus d'un récipient, sur lequel étaient marqués des traits, qui indiquaient les heures, à mesure que l'eau qui s'échappait goutte à goutte du réservoir supérieur venait les baigner. On trouve la clepsydre en usage chez la plupart des peuples de l'antiquité, et dans beaucoup de pays elle resta employée jusqu'au dixième siècle de l'ère chrétienne.

Platon déclare, dans un de ses dialogues, que les philosophes sont bien plus heureux que les orateurs, « ceux-ci étant esclaves d'une misérable clepsydre, tandis que ceux-là ont la liberté d'étendre leurs discours autant que bon leur semble. » Il faut savoir, pour l'explication de ce passage, qu'il était de coutume, dans les tribunaux d'Athènes, comme plus tard dans ceux de Rome, de mesurer, à l'aide d'une clepsydre, le temps accordé aux avocats pour leurs plaidoyers. On versait trois parts d'eau égales dans la clepsydre : une pour l'accusateur, l'autre pour l'accusé, et la troisième pour le juge. Un homme avait la charge spéciale d'avertir chacun des trois orateurs, quand sa portion d'eau allait être épuisée. Si, par extraordinaire, le temps était doublé pour l'une ou l'autre des parties, cela s'appelait *ajouter clepsydre à clepsydre*, et quand les témoins déposaient ou qu'on lisait le texte de quelque loi, l'écoulement de l'eau était interrompu, ce qu'on appelait *aquam sustinere* (retenir l'eau).

Le sablier, encore assez répandu aujourd'hui pour mesurer de courtes périodes de temps, avait la plus grande analogie avec la clepsydre, mais il ne fut jamais susceptible d'une marche aussi régulière. A vrai dire, la clepsydre reçut, à diverses époques, d'importants perfectionnements. Vitruve nous apprend qu'un siècle environ avant notre ère, Ctésibius, mécanicien d'Alexandrie, ajouta à la clepsydre plusieurs roues dentées, dont l'une faisait mouvoir l'aiguille qui indiquait l'heure sur un cadran. Ce dut être, autant du moins qu'il est permis de le constater, le premier pas fait vers l'horloge purement mécanique.

La fabrication et l'usage de ces sortes de chronomètres ne se perdirent jamais en Italie, et c'est de là qu'ils se répandirent dans l'Europe barbare. Vers 506, le roi de Bourgogne Gondebaud reçut en présent de Théodoric le Grand, qui régnait sur toute la péninsule, deux horloges, dont l'une était mue au moyen de l'eau. Plus tard, le pape Paul Ier fit un semblable cadeau à Pepin le Bref.

On doit croire, toutefois, ou que ces pièces n'avaient que fort peu attiré l'attention, ou qu'elles avaient été promptement oubliées; car, cent ans plus tard, nous voyons considérée et presque célébrée comme un notable événement l'apparition à la cour de Charlemagne d'une clepsydre, présent du fameux calife Aroun-al-Raschid. Éginhard en a laissé une pompeuse description. Elle était, dit-il, en airain damasquiné d'or; elle marquait les heures sur un cadran, au moment où chacune d'elles venait à s'accomplir : un nombre égal de petites boules de fer tombaient sur un timbre et le faisaient tinter autant de fois qu'il y avait de nombres marqués par l'aiguille. Aussitôt douze fenêtres s'ouvraient, d'où l'on voyait sortir un nombre égal de cavaliers, armés de pied en cap, qui, après diverses évolutions, rentraient dans l'intérieur du mécanisme, et les fenêtres se refermaient.

Peu de temps après, Pacificus, archevêque de Vérone, en fabriqua une bien supérieure à celle de ses devanciers; outre les heures, elle marquait le quantième du mois, les jours de la semaine, les phases de la lune, etc. Mais on n'avait encore là qu'une clepsydre perfectionnée.

Pour que l'horlogerie prît véritablement date dans l'histoire, elle devait attendre que le poids fût substitué à l'eau comme principe moteur, et que l'échappement fût inventé; ce n'était qu'au commencement du dixième siècle que ces importantes découvertes devaient être faites.

Sous le règne d'Hugues Capet, un homme, grand par son talent comme par son caractère, vivait en France : il s'appelait Gerbert. Les montagnes de l'Auvergne l'avaient vu naître. Il avait passé son enfance à garder les troupeaux près d'Aurillac. Un jour, des moines de l'ordre de Saint-Benoît le rencontrèrent dans la campagne; ils s'entretinrent avec lui, et, comme ils lui trouvèrent une intelligence précoce, le recueillirent dans leur couvent de Saint-Gérauld. Là, Gerbert ne tarda pas à prendre goût pour la vie monastique. Ardent à s'instruire et consacrant à l'étude tous les moments dont il pouvait disposer, il devint en quelques années le plus savant de la communauté. Après qu'il eut prononcé ses vœux, le désir d'augmenter ses connaissances scientifiques le fit partir pour l'Espagne. Durant plusieurs années, il fréquenta assidûment les universités de la péninsule ibérique. Bientôt il se trouva trop savant pour l'Espagne; car, malgré sa piété vraiment sincère, d'ignorants fanatiques l'accusèrent de sorcellerie. Cette accusation pouvant avoir des suites fâcheuses pour lui, il ne voulut pas en attendre le dénoûment, et, quittant précipitamment la ville de Salamanque, sa résidence habituelle, il vint à Paris, où il ne tarda pas à se faire de puissants amis et protecteurs.

Enfin, après avoir été successivement moine, supérieur du couvent de Bobbio, en Italie, archevêque de Reims, précepteur de Robert Ier, roi de France, et d'Othon III, empereur d'Allemagne, qui lui donna le siège de Ravenne, Gerbert, sous le nom de *Sylvestre II,* monta au trône pontifical, et mourut, en 1003.

« Ce grand homme, » dit M. Dubois, « fut l'honneur de son pays et de son siècle. Il possédait presque toutes les langues mortes ou vivantes; il était mécanicien, astronome, physicien, géomètre, algébriste, etc. Il importa en France les chiffres arabes. Au fond de sa cellule de moine, comme dans son palais archiépiscopal, son délassement favori fut l'étude de la mécanique. Il était habile à construire des cadrans solaires, des clepsydres, des sabliers, des orgues hydrauliques. Ce fut lui qui, le premier, appliqua le poids moteur aux horloges, et il est, suivant toute probabilité, l'inventeur de ce mécanisme admirable qu'on nomme l'*échappement,* la plus belle, la plus nécessaire de toutes les inventions qui ont été faites dans l'horlogerie. »

Fig. 67. — Sablier, travail français du xvıe siècle.

Ce n'est pas ici le lieu de donner la description de ces deux mécanismes, qui ne peuvent guère être expliqués qu'à l'aide de figures purement techniques; disons seulement que le poids est encore le seul moteur des grosses horloges, et que l'échappement dont nous parlons a été uniquement employé dans le monde entier jusqu'à la fin du dix-septième siècle.

Malgré l'importance de ces deux inventions, on s'en servit peu pendant les onzième, douzième et treizième siècles. Les clepsydres et les sabliers (fig. 67) continuèrent d'être plus exclusivement en usage. On en fabriquait qui, ornés, ciselés avec beaucoup d'élégance, contribuaient à la décoration des appartements, comme aujourd'hui les bronzes et les pendules plus ou moins riches.

Au moyen âge, suivant Viollet-Leduc, « il fut encore d'usage, dans les tournois, de limiter parfois la durée des joutes entre deux champions à la durée d'un sablier, qu'on appelait *horloge*. Celui qui, des deux adversaires, pendant cet espace de temps, avait obtenu un plus grand nombre d'avantages, était déclaré vainqueur. On empêchait ainsi que des joutes à armes courtoises ne pussent, par suite de l'acharnement des jouteurs, dégénérer en luttes sanglantes. »

L'usage du sablier ou poudrier dans la marine lui a fait souvent donner le nom d'*horloge de mer*, ainsi que le prouve cet article de l'inventaire de Charles V en 1380 : « Un grand oreloge de mer, de deux fioles pleines de sablon, en un grant estuy de bois, garny d'archal. » Au seizième siècle, les protestants, fatigués de la longueur des prêches, fixèrent à chaque chaire un sablier d'une heure, et, le sable écoulé, chacun, considérant le sermon comme fini, quittait le temple. Il existe encore quelques-uns de ces sabliers, qu'on plaçait sur des consoles tournantes, travaillées en fer forgé avec beaucoup d'art.

L'histoire ne nous dit pas quel fut l'inventeur de la sonnerie; mais il est du moins avéré que ce rouage existait au commencement du douzième siècle. La première mention s'en trouve, d'une façon moins obscure, dans les *Usages de l'ordre de Cî-*

Fig. 68. — Jacquemart de Notre-Dame de Dijon, qu'on a plus tard doté d'une pipe.

teaux, compilés vers 1120. On y voit prescrit au sacristain de régler l'horloge de manière qu'elle « sonne et l'éveille avant les matines »; dans un autre chapitre du même livre, il est ordonné au moine de prolonger la lecture jusqu'à ce que « l'horloge sonne ». Auparavant, dans les monastères, les moines veillaient à tour de rôle pour avertir la communauté des heures où devaient se faire les prières; et dans les villes il y avait des veilleurs de nuit, qui d'ailleurs se sont conservés en beaucoup d'endroits, pour crier dans les rues l'heure que marquaient les horloges, les clepsydres ou les sabliers.

Suivant l'opinion commune, la première horloge publique, dont le mécanisme même ait fait battre les heures, fut placée à Londres, dans l'église de Westminster, en 1368.

La sonnerie inventée, nous ne voyons aucun perfectionnement apporté à l'horlogerie avant la fin du treizième siècle; mais au commencement du suivant, elle reprit son essor, et l'art ne s'arrêta plus.

Pour donner une idée de ce qui se fit à cette époque, nous emprunterons une page au premier écrit où il soit question de l'horlogerie, c'est-à-dire à un ouvrage, encore inédit, de Philippe de Maizières, intitulé *le Songe du vieil pèlerin.*

« Il est à savoir qu'en Italie y a aujourd'huy (vers 1350), ung homme, en philosophie, en medecine et en astronomie, en son degré singulier et solempnel, par commune renommée, excellent ès dessus trois sciences, de la cité de Pade (Padoue). Son surnom est perdu, et est appelé maistre *Jehan des Orloges,* lequel demeure à present avec le comte de Vertus, duquel, pour science *treble* (triple), il a chacun an de gages et de bienfaits 2,000 flourins ou environ. Cettui maistre Jehan des Orloges a fait un instrument, par aucuns appelé *Sphere* ou Orloge du mouvement du ciel; auquel instrument sont tous les mouvements des signes et des planettes; avec leurs cercles et epicycles, et differences par multiplication, *roes* (roues) sans nombre, avec toutes leurs parties, et chacune planette en ladite sphere, particulièrement. Par telle

Fig. 69. — Grande horloge (restaurée) du Palais de Justice de Paris, xive s.

nuit, on voit clairement en quel signe et degré les planettes sont, et estoiles du ciel : et est faite si soubtilement cette sphere que, nonobstant la multitude des roes, qui ne se pourraient nombrer bonnement, sans defaire l'instrument, tout le mouvement d'icelles est gouverné par un tout seul contrepoids, qui est si grant merveille que les solempnels astronomiens de lointaines régions viennent visiter en grant reverence ledit maistre Jehan et l'œuvre de ses mains; et disent tous les grands clercs d'astronomie, de philosophie et de medecine, qu'il n'est memoire d'homme, par escrit ne autrement, qui, en ce monde, ait fait si soubtil ne si solempnel instrument du mouvement du ciel, comme l'orloge susdite... Maistre Jehan de ses propres mains forgea ladite orloge, toute de laiton et de cuivre, sans aide d'aucune autre personne, et ne fit autre chose en seize ans tout entiers, si comme de ce a esté informé l'escrivain de cettui livre, qui au grant amitié audit maistre Jehan. »

On sait, d'autre part, que l'habile homme dont Maizières prétend que le véritable nom était perdu s'appelait Jacques de Dondis, et qu'en dépit de l'affirmation de l'écrivain, il n'avait fait que composer l'horloge, dont les pièces avaient été exécutées par un excellent ouvrier, nommé Antoine. Toujours est-il que, placée au sommet d'une des tours du palais de Padoue, l'horloge de Jacques de Dondis ou de *maistre Jehan des Orloges* excita l'admiration générale, et que, plusieurs princes de l'Europe ayant désiré en avoir de pareilles, maints ouvriers tâchèrent de l'imiter. Bientôt, en effet, églises ou monastères purent s'enorgueillir de chefs-d'œuvre analogues.

Parmi les plus remarquables horloges de cette époque, il faut citer celle dont parle Froissart, et qui fut enlevée à la ville de Courtray par Philippe le Hardi, après la bataille de Rosebecque (1382). « Le duc de Bourgogne, » dit notre auteur, « fit oster des halles un orologe qui sonnait les heures, l'un des plus beaux qu'on sceut trouver delà ne deçà la mer, et celui orologe mettre tout par membres et par pièces sur chars, et la cloche aussi. Lequel orologe fut amené et charroyé en la ville de Dijon en Bourgogne, et fut là remis et assis, et y sonne les heures vingt-quatre entre jour et nuit. »

C'est la célèbre horloge de Dijon, qui, alors comme aujour-

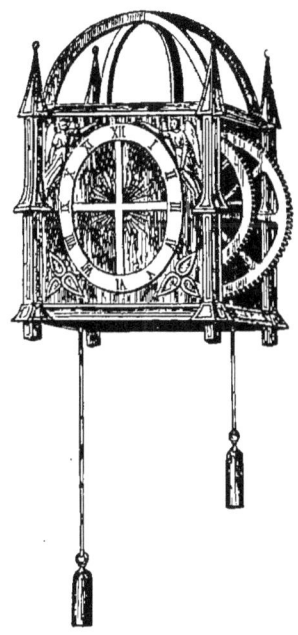

Fig. 70. — Horloge à roues et à poids. xvᵉ siècle. Bibl. nat., cabinet des Antiques.

d'hui, était surmontée d'automates en fer, frappant les heures sur la cloche. On a beaucoup discuté sur l'origine du nom de *Jacquemart* donné à ces personnages. En Belgique, on fait venir le mot de *Jaken of de Markt* (Jacques du marché); en France, d'un serrurier de ce nom établi à Lille en 1422, et qui aurait été chargé de réparer l'horloge de Dijon; en Allemagne, du mot *Hammer*, qui signifie marteau. Il est plus probable que jacquemart dérive du *jaque de maille,* parce que la plupart des figures de ce genre représentent des hommes de guerre revêtus de l'habillement ainsi appelé.

Quoi qu'il en soit, constatons que, dès la fin du quatorzième siècle, beaucoup d'églises étaient surmontées de jacquemarts. A Dijon, sur le clocher de Notre-Dame, c'est une famille complète, composée du père, de la mère et de l'enfant (fig. 68). A Moulins, il y avait un enfant de plus, fille et garçon, *Jacquelin* et *Jacqueline.* Un document de 1410, conservé aux archives de Montpellier, parle de la construction dans cette ville d'une horloge, où « il y aura un homme de bois appelé *Jacomart,* qui battra ladite horloge ». A Lambesc, en Provence, chaque coup dirigé par *Giacomar* sur le dos de sa femme *Giacomarda* est évité par celle-ci, qui, en se baissant, laisse arriver le marteau sur le timbre. Ce sont *Martin* et *Martine* qui décorent l'horloge de Cambrai.

La première horloge qu'ait possédée Paris fut celle de la tour du palais de Justice, appelée depuis *tour de l'Horloge :* Charles V la fit construire en 1370 par un ouvrier allemand, Henri de Vic, qui n'employa pas moins de huit ans à son exécution, touchant chaque jours 6 sols parisis, c'est-à-dire environ 12 francs de notre monnaie. Cette horloge renfermait un poids pour moteur, une pièce oscillante pour régulateur et un échappement; elle fut décorée de sculptures par Germain Pilon et réparée un grand nombre de fois, notamment en 1851 (fig. 69).

Les villes de Sens et de Troyes en possédaient de plus anciennes : en 1377, on bâtissait une lanterne pour contenir celle de Sens, et en 1379 on exécutait d'importantes réparations à celle de Troyes, qui avait un cadran mensuel à côté de l'horaire et un jacquemart sous la figure du roi Antiochus pour frapper les heures. Dès 1376, Chambéry fut dotée par le comte de Savoie

Amédée VI, dit le comte Vert, d'une horloge publique, placée au sommet du clocher de Saint-Léger.

Fig. 71. — Horloge portative du xvie siècle.

« La ville de Bâle, » rapporte M. Blavignac, « paraît avoir eu une horloge mécanique antérieure à cette date, car une conspiration contre l'État et qui devait éclater le mardi gras de 1376, fut déjouée en prenant la précaution de faire avancer l'horloge d'une heure. L'horloge en question était surmontée d'une tête couronnée, qui, à chaque coup de balancier, roulait les yeux et tirait contre l'Autriche une langue rouge, ayant près d'un mètre de longueur. »

Le moyen âge avait un goût très prononcé pour ces pièces mécaniques. Citons encore celle de Lund, en Suède, qui date de la même époque. A chaque heure, deux cavaliers allaient l'un au-devant de l'autre et se donnaient autant de coups qu'il y avait d'heures à sonner; alors une porte s'ouvrait, et on voyait la vierge Marie, assise sur un trône, l'enfant Jésus entre ses bras, recevant la visite des rois mages, suivis de leur cortège : les rois se prosternaient et offraient leurs présents. Deux trompettes sonnaient pendant la cérémonie; puis tout disparaissait, pour reparaître à l'heure suivante.

Jusqu'à la fin du treizième siècle, les horloges furent exclusivement destinées aux édifices publics, ou tout au moins affectèrent, si nous pouvons parler ainsi, un caractère monumental, qui ne leur permit pas de pénétrer, de quelque temps, dans les maisons ordinaires.

Les premières horloges; à poids et contre-poids, construites pour l'usage privé, parurent en France, en Italie et en Allemagne, vers le commencement du quatorzième siècle; elles ne laissèrent pas cependant d'être d'abord d'un prix tel, que les grands seigneurs et les riches particuliers pouvaient seuls en faire l'acquisition. Mais l'élan était donné, qui devait faire que l'industrie arrivât bientôt à confectionner ces pièces plus économiquement. On ne tarda pas, en effet, à placer des horloges portatives dans les habitations les plus modestes (fig. 70). Il va sans dire qu'on

Fig. 72. — Horloge portative à caisse, de l'époque des Valois. xvie siècle.

ne s'interdit pas, plus tard, de les rendre luxueuses, soit en ornant, en sculptant l'horloge même, soit en la plaçant sur de riches piédestaux, ou caisses, dans l'intérieur desquels pendaient les poids moteurs (fig. 71 et 72), soit en les suspendant à la muraille. D'après un bas-relief des stalles de la cathédrale d'Amiens, on voit qu'elle ressemblait tout à fait à ces *coucous* qui sont encore assez communs chez les paysans.

Le quinzième siècle a largement marqué sa trace dans l'histoire de l'horlogerie. En 1401, la cathédrale de Séville s'enrichit d'une magnifique horloge à sonnerie. En 1404, Lazare, Servien d'origine, en construisit une pareille pour Moscou. Celle de Lubeck, qui était décorée des figures des douze apôtres, datait de 1405. Il faut signaler aussi la célèbre horloge que Jean-Galéas Visconti fit construire pour Pavie, et surtout celle de Saint-Marc de Venise, qui ne fut exécutée qu'en 1495.

Sous Charles VII fut inventé le *ressort spiral,* lame d'acier très mince, qui, s'enroulant sur elle-même dans un tambour ou *barillet,* produit, en se détendant, l'effet du poids sur les rouages primitifs. On dut à la possibilité de renfermer ce moteur dans un espace restreint la faculté de fabriquer des horloges d'une très petite dimension. On trouve, en effet, dans certaines collections, des horloges du temps de Louis XI, remarquables non seulement par la richesse artistique de leur décoration, mais encore par le peu de volume qu'elles occupent, bien qu'elles soient ordinairement d'un mécanisme fort compliqué, quelques-unes marquant le quantième, sonnant l'heure et servant aussi de réveille-matin.

Les rois de France avaient, au moins depuis le quatorzième siècle, des horlogers en titre. Celui de Charles VII reçut septante écus d'or d'à-compte « pour la vente de cinq horloges, quatre desquels étaient à cloche et contrepoids ». En 1480, Jehan de Paris fabriqua pour Louis XI, au prix de 16 livres 10 deniers tournois, une horloge de voyage qui sonnait les heures; on la plaçait dans une mallette, et elle était portée à dos de cheval. Les Martinot oc-

Fig. 73 à 75. — Montres de l'époque des Valois. xvi⁰ siècle.

cupèrent la charge d'horlogers du roi pendant plus d'un siècle, depuis Henri III jusqu'à Louis XV.

Il est difficile, sinon impossible, de fixer l'époque précise de l'invention des montres; peut-être faut-il ne voir dans la montre, surtout après l'invention du ressort spiral, qu'un dernier pas fait vers la forme portative de l'horloge. Toujours est-il que, d'après les assertions recueillies dans Pancirole et du Verdier, on faisait, à la fin du quinzième siècle, des montres qui n'étaient pas plus grosses qu'une amande. On cite même les noms de Myrmécides et de Carovagius comme ceux de deux ouvriers célèbres en ce genre de travail. Le dernier avait, dit-on, fabriqué une montre-réveil, qui non seulement sonnait à l'heure voulue, mais encore battait le *fusil* (briquet) pour allumer une chandelle. Nous savons d'ailleurs, de source certaine, qu'il existait sous Louis XI des montres à la fois très petites et parfaitement exécutées ; et il est démontré que Pierre Hele fabriquait à Nuremberg, en 1500, des montres qui avaient la forme d'un œuf, circonstance qui fit donner longtemps aux montres de ce pays le nom d'*œufs de Nuremberg*.

L'histoire nous apprend, en outre, qu'en 1542 il fut offert à Guidubaldo della Rovere une montre à sonnerie, enchâssée dans le chaton d'une bague; qu'en 1575, Parker, archevêque de Cantorbéry, légua à son frère Richard une canne en bois des Indes, ayant une montre incrustée dans la pomme; et qu'Henri VIII, roi d'Angleterre, portait une très petite montre, qui n'avait besoin d'être remontée que tous les huit jours.

Il n'est pas hors de propos de noter ici que la marche de ces petits instruments ne fut régulière qu'après qu'un ingénieux ouvrier, dont le nom n'a pas été conservé, eut inventé la *fusée* : c'était une sorte de cône tronqué, à la base duquel était attachée une petite corde de boyau, qui, s'enroulant en spirale jusqu'au sommet, venait s'attacher au *barillet,* dans lequel était renfermé le ressort. L'avantage de cette disposition consiste en ceci : par le fait de la forme conique donnée à la fusée, la traction du ressort agissant sur un rayon plus grand du cône à mesure qu'il se détend, il arrive que l'équilibre est établi entre les premiers et les derniers efforts du ressort. Plus tard, un horloger du nom de Gruet substitua les chaînes articulées aux cordes à boyau, qui avaient le grave inconvénient d'être hygrométriques et de varier de tension, selon l'état de l'atmosphère.

Fig. 76. — L'horloger, dessiné et gravé par J. Amman. xvie siècle.

L'usage des montres se propagea rapidement en France.

Sous les règnes des Valois, il s'en fabriquait un grand nombre de fort mignonnes, auxquelles les horlogers donnaient toutes sortes de formes, notamment celles d'un gland, d'une amande, d'une croix latine, d'une coquille (fig. 73 à 75). Elles étaient gravées, ciselées, émaillées; l'aiguille qui marquait l'heure était le plus souvent d'un travail délicat, et parfois ornée de pierres fines. Quelques-unes de ces montres faisaient mouvoir des figures symboliques : tantôt le Temps, Apollon, Diane ; tantôt la Vierge, les apôtres, les saints. Marguerite de Valois en possédait plusieurs, et l'on voit dans les comptes de la maison de Navarre qu'elle en fit réparer deux en 1579 par Ferry : une grande à sonnerie et réveil, et une petite garnie de diamants et rubis. L'horloger du roi Abraham de la Garde reçut, en 1591, d'Henri IV la somme de 145 écus pour la façon d'une montre d'argent, « dorée à un cadran du soleil ».

L'ensemble de ces travaux multiples exigeait, on le comprend, un grand nombre d'horlogers ; aussi dut-on songer à réunir ces artisans en communauté. Les statuts qu'ils avaient reçus de Louis XI en 1483 furent confirmés par François Ier ; ils contenaient une suite de prescriptions destinées à sauvegarder en même temps les intérêts des membres de la corporation et la dignité de leur profession (fig. 76).

On n'était reçu maître qu'en faisant preuve de huit ans d'apprentissage, et après avoir produit un chef-d'œuvre dans la maison et sous les yeux d'un des gardes visiteurs de la communauté. Les gardes visiteurs, élus par tous les membres de la communauté, ainsi que les prud'hommes et les syndics, avaient droit de veiller, en s'introduisant dans les ateliers, à la bonne confection des montres et horloges ; et quand il leur arrivait de trouver des pièces qui ne leur semblaient pas faites selon les règles de l'art, ils pouvaient non seulement les saisir, les briser, mais encore imposer à leur auteur une amende au profit de la corporation. Les statuts donnaient, en outre, aux seuls maîtres reçus le droit de trafiquer, directement ou indirectement, de toutes marchandises d'horlogerie, neuves ou d'occasion, achevées ou non.

« Sous l'empire de ces sages institutions, protectrices du travail, » fait remarquer Dubois, « les maîtres horlogers n'avaient pas à redouter la concurrence des personnes étrangères à la corporation. S'ils se préoccupaient de la supériorité artistique de

Fig. 77. — Horloge publique d'Iéna. xvᵉ siècle.

quelques-uns de leurs confrères, c'était dans le but tout moral de leur disputer les premières places. Le travail du jour, supérieur à celui de la veille, était surpassé par celui du lendemain. Ce fut par ce concours incessant de l'intelligence et du savoir, par cette rivalité légitime et fortifiante de tous les membres de la même famille industrielle, que la science elle-même atteignit peu à peu l'apogée du bien et le sublime du beau. L'ambition des ouvriers était d'arriver à la maîtrise, et ils n'atteignaient ce but qu'à force de labeurs et d'efforts industrieux. L'ambition des maîtres était d'arriver aux honneurs du syndicat, cette magistrature consulaire la plus honorable de toutes, car elle était le fruit de l'élection et la récompense des services rendus à l'art et à la communauté. »

Arrivé au milieu du seizième siècle, et pour ne pas sortir du cadre assigné à cet aperçu, nous pouvons nous borner à mentionner quelques-unes des œuvres remarquables produites pendant une centaine d'années par un art qui s'était dès lors manifesté avec une puissance dont il ne devait plus que déchoir.

On a longtemps cité comme très curieuse l'horloge qu'Henri II fit construire, en 1550, pour le château d'Anet. Chaque fois que l'aiguille allait marquer l'heure, un cerf, sortant de l'intérieur de l'horloge, s'élançait, poursuivi par une meute de chiens; bientôt la meute et le cerf s'arrêtaient, et celui-ci, au moyen d'un mécanisme des plus ingénieux, sonnait l'heure avec un de ses pieds. Rappelons, à ce propos, que l'horloge de Berne, exécutée en 1527, faisait mouvoir une procession d'ours dans toutes les postures.

En Suisse, on a conservé quelques anciens cadrans divisés en vingt-quatre heures selon la coutume d'Italie, ou plutôt en deux fois douze heures, de telle manière que les deux pointes de l'aiguille répètent à la fois l'indication de l'heure. Celui de la grande horloge de Soleure est dans ce cas: c'est un monument de 1544. Il y a une curieuse vue de la ville, les douze signes du zodiaque, une sphère pour les phases lunaires, et plusieurs figures mécaniques, où la Mort n'a pas été oubliée. L'expression proverbiale *faire le tour du cadran,* suivant la juste remarque de Blavignac, pour dé-

Fig. 78. — Horloge astronomique de la cathédrale de Strasbourg, construite en 1573.

signer qu'on a passé vingt-quatre heures dans un même état, est un souvenir de la division dont nous venons de parler.

L'horloge d'Iéna (fig. 77), qui existe encore, n'est pas moins fameuse. Au-dessus du cadran est une tête en bronze, qu'on dit représenter les traits d'un bouffon d'Ernest, électeur de Saxe, mort en 1476. Dès que l'heure va sonner, cette tête, d'une laideur assez remarquable pour avoir fait donner à l'horloge elle-même le nom de *Tête monstrueuse,* ouvre une bouche très grande. Une statue, représentant un vieux pèlerin, lui offre une pomme d'or au bout d'une baguette; mais au moment où le pauvre *Hans* (c'est ainsi que s'appelait le fou) va refermer la bouche pour croquer et avaler la pomme, le pèlerin la retire précipitamment. A gauche de cette tête est un ange chantant (ce sont les armes de la ville d'Iéna); il tient d'une main un livre qu'il élève vers ses yeux chaque fois que l'heure sonne, et de l'autre main il agite une clochette.

La ville de Niort, en Poitou, a aussi possédé son horloge extraordinaire, que décoraient un grand nombre de figures allégoriques : œuvre de Bohain, elle datait de 1570.

Une horloge bien autrement fameuse fut celle de Strasbourg (fig. 78). Construite en 1352, elle passa longtemps pour la merveille des merveilles; lorsqu'en 1573 Conrad Dasypodius, mécanicien suisse, entreprit de la restaurer, il en fit une œuvre entièrement nouvelle, et l'on peut en dire autant du savant Schwilgué, qui la remit en état de 1838 à 1842. Une sphère mouvante, sur laquelle sont figurées les planètes, les constellations, et qui accomplissait sa rotation en 365 jours, en était la pièce la plus importante. Des deux côtés, et au-dessous du cadran de l'horloge, étaient représentées par des personnages allégoriques les fêtes principales de l'année et les solennités de l'Église. D'autres cadrans, distribués

HORLOGERIE. 143

Fig. 79. — Carillon de l'horloge de Saint-Lambert de Liège.

avec symétrie sur la façade de la tour dans laquelle l'horloge était installée, marquaient les jours de la semaine, le quantième du mois, les signes du zodiaque, les phases de la lune, le lever et le coucher du soleil, etc. A chaque heure, deux anges sonnaient de la trompette; lorsque le concert était terminé, la cloche tintait; puis immédiatement un coq, perché au faîte, déployait ses ailes avec bruit et faisait entendre son cri naturel. Le rouage de la sonnerie, par le moyen de trappes mobiles, de cylindres et de ressorts cachés dans l'intérieur de l'horloge, faisait mouvoir une quantité considérable d'automates sculptés avec beaucoup d'art.

Des auteurs crédules attribuaient la confection de ce chef-d'œuvre à Copernic, ajoutant que lorsque cet habile astronome eut achevé son travail, les échevins et consuls de Strasbourg lui firent crever les yeux, afin de le mettre dans l'impossibilité d'en exécuter un semblable pour quelque autre ville. Cette dernière assertion doit être d'autant plus rangée au rang des légendes que, outre qu'il est démontré que l'horloge de Strasbourg fut faite par Conrad Dasypodius, on serait fort en peine de prouver que Copernic ait jamais visité l'Alsace, et qu'il ait eu jamais les yeux crevés.

Une tradition analogue s'est attachée, d'ailleurs, à l'histoire d'une autre horloge qui existe encore, et qui ne fut pas moins renommée que celle de Strasbourg. Nous voulons parler de l'horloge de l'église Saint-Jean, à Lyon, construite en 1598 par Nicolas Lippius, horloger de Bâle, réparée et augmentée depuis par Nourrisson, artisan lyonnais. Le mécanisme horaire fonctionne seul aujourd'hui, mais l'horloge n'en reçoit pas moins de nombreux visiteurs, à qui de bonnes gens répètent encore, de la meilleure foi du monde, que Lippius fut mis à mort aussitôt après l'achèvement de son chef-d'œuvre. Pour démontrer l'invraisemblance de ce prétendu supplice, il suffit de faire observer que, même au seizième siècle, on ne tuait pas les gens pour crime de chef-d'œuvre, et l'on a, du reste, la preuve que Lippius mourut tranquille et honoré dans son pays natal.

A ces horloges fameuses il faut ajouter celles de Saint-Lambert de Liège (fig. 79), de Nuremberg, d'Augsbourg, de Bâle; celle de Medina del Campo, en Espagne, et celles qui, sous le règne de Charles Ier ou pendant la dictature de Cromwell, furent construites et placées en Angleterre ou en Écosse, à Saint-Dunstan de Londres et dans les cathédrales de Cantorbéry, d'Édimbourg, de Glasgow, etc.

Avant d'achever, et pour être juste envers un siècle dont nous avons fait une date de décadence, nous devons reconnaître, que, quelques années avant la mort du cardinal de Richelieu, c'est-à-dire de 1630 à 1640, des artistes recommandables firent de louables efforts pour créer une nouvelle ère à l'horlogerie; mais les perfectionnements qu'ils imaginèrent portaient bien plus sur les procédés de fabrication des diverses pièces qui composent les rouages des montres et des horloges que sur la beauté ou l'ingéniosité de ces ouvrages. C'étaient là des progrès purement professionnels, en vue d'une production plus rapide, plus économique; progrès que l'on pourrait qualifier de services rendus par l'art au métier.

Le temps des grandes compositions ou des merveilles délicates était passé : on ne plaçait plus de chefs-d'œuvre mécaniques dans de frêles bijoux; l'époque était loin où, déposant le sceptre de cet empire sur lequel « le soleil ne se couchait jamais », le vainqueur de François Ier, retiré dans un cloître, prenait plaisir à s'occuper de la confection des pièces d'horlogerie les plus compliquées. Charles-Quint avait pour aide, sinon pour guide dans ses travaux, le savant mathématicien Jannellus Turianus, qu'il avait su décider à partager sa retraite. On dit qu'il n'avait pas de plus grande joie que de voir les moines de Saint-Just s'ébahir devant ses montres à réveil et ses horloges à automates; mais on ajoute qu'il éprouvait un véritable désespoir quand il lui fallait constater qu'il n'était pas moins impossible d'établir l'accord parfait entre les horloges qu'entre les hommes.

A vrai dire, Galilée n'était pas encore venu pour observer et formuler la loi du pendule, dont Huyghens devait faire, vers 1657, l'heureuse application aux mouvements d'horlogerie.

SELLERIE ET CARROSSERIE.

L'équitation chez les anciens. — Le cheval de monture et d'attelage. — Véhicules des Gaulois. — Diverses espèces de montures aux temps de la chevalerie. — L'éperon et la selle. — La litière. — Les carrosses. — Les mules des magistrats.

Le cheval a été qualifié par Buffon « la plus noble conquête de l'homme ». Les historiens nous apprennent que cette conquête était faite dès les âges les plus reculés.

Nous trouvons cette magnifique peinture du cheval dans le livre de Job : « Est-ce vous, dit le Seigneur, qui avez donné le courage au cheval, et qui le rendez terrible par son frémissement? Le ferez-vous bondir comme la sauterelle, lui qui, par le souffle si fier de ses narines, inspire la terreur? Il creuse la terre de son sabot; il est plein de confiance en sa force et court au-devant des armes. Il se rit de la peur et n'en est point saisi : la vue de l'épée ne le fait point reculer. Il n'est effrayé ni du bruit que font les flèches dans le carquois du cavalier, ni de l'éclat des lances et des boucliers. Il s'agite, il frémit, il ne peut se tenir lorsqu'il entend le son des trompettes; dès qu'elles donnent le signal décisif, il dit : *Courage!* Il sent de loin l'approche des troupes... » Il s'agit ici du fougueux animal, dressé pour la guerre et soumis au maître qui l'a dompté.

Xénophon, dans son *Traité de l'Équitation* et dans son

SELLERIE ET CARROSSERIE. 147

Maître de la Cavalerie, Pausanias dans ses *Voyages,* Diodore dans ses *Histoires,* sont, chez les Grecs, les auteurs qui fournissent les plus nombreux témoignages de l'honneur dans lequel

Fig. 80. — La *carruque,* ou voiture de luxe à deux chevaux, du ve au xe siècle, d'après un manuscrit du ixe siècle.

étaient tenus les exercices équestres. Chez les Latins, Virgile, à l'occasion des jeux funèbres célébrés chez Aceste en mémoire d'Anchise, nous apprend qu'on exerçait la jeunesse romaine à l'art de l'équitation, tel que l'avaient pratiqué les Troyens. Les courses de chevaux et de chars, qui avaient lieu dans les jeux solennels de la Grèce, sont restés justement célèbres, comme celles qui se perpétuèrent à Rome et dans toutes les grandes villes du monde romain, jusqu'au cinquième ou sixième siècle.

Nous sommes porté à croire que l'on se servit presque simultanément du cheval comme monture et comme attelage. Mais il semble que les chars n'étaient guère montés que par les chefs, qui combattaient du haut de cette estrade ambulante, pendant que des écuyers conduisaient l'attelage.

On attribue à Cyrus le Grand la première idée des chars garnis de faux, qui taillaient en pièces dans tous les sens les hommes qui s'opposaient au passage du véhicule, ou qui étaient renversés par la violence du choc. Ces mêmes engins se retrouvent chez les Gaulois; car nous voyons un chef, nommé Bituit, qui, fait prisonnier par les Romains, figura sur son char armé de faux, dans la pompe triomphale du général qui l'avait vaincu.

L'équitation fut non seulement pratiquée, mais portée au plus haut degré de perfection chez les peuples de l'antiquité, et l'usage des chars était autrefois à peu près général pour la guerre et dans certaines cérémonies. Les Romains, et à leur exemple, les Gaulois, qui se piquaient d'être habiles charrons, eurent plusieurs espèces de voitures à roues. Parmi ces voitures romaines et gauloises, dont les Francs abandonnèrent l'emploi, parce qu'ils préféraient monter à cheval, on distinguait la *carruque* (d'où est venu le mot *carrosse*), à deux roues et à deux ou quatre chevaux (fig. 80), richement ornée d'or, d'argent, d'ivoire; le *pilentum*, voiture de cérémonie, avec un baldaquin ou un dais d'étoffe; le *petoritum*, voiture découverte et propre aux transports rapides; le *cisium*, léger véhicule d'osier à deux places, sans abri, traîné par des mules et destiné aux voyages prolongés; enfin diverses charrettes : le *plaustrum*, le *serracum*, la *benne*, les *camuli* (camions), etc. Ces derniers véhicules, principalement affectés aux charrois de travail (fig. 81), continuèrent à être usités, même alors que les voitures de luxe eurent disparu presque complètement.

Il resta cependant, outre les litières à mulets, des *basternes* et des *carpenta,* qui furent les carrosses d'apparat de l'époque mérovingienne. Ainsi voyagea Galswinthe, la fille du roi des Goths,

Fig. 81. — Charrette attelée de bœufs, fin du xvᵉ siècle. D'après un manuscrit de la Bibl. de Bourgogne, à Bruxelles.

lorsqu'en 567 elle fut amenée d'Espagne pour épouser Chilpéric Iᵉʳ. A son entrée dans chaque grande ville, elle quittait son lourd chariot pour un char de parade, élevé en forme de tour et tout couvert de plaques d'argent. Mais les reines seules, les femmes de haut rang, qui ne pouvaient entreprendre de longues routes à cheval, se permirent ce moyen de locomotion, tandis que les hommes, rois et grands personnages, eussent rougi de se faire porter comme « des corps saints », selon la pittoresque expression d'un seigneur de Charlemagne, sinon toutefois à l'époque des rois fainéants, alors que, comme Boileau l'a fort bien dit :

> Quatre bœufs attelés, d'un pas tranquille et lent,
> Promenaient dans Paris le monarque indolent.

La chevalerie, dont les exercices étaient l'image de la guerre, fit de l'équitation un art nouveau, qui fut toujours inséparable de l'éducation de la noblesse, et *chevalier* ne tarda pas à devenir synonyme d'homme de bonne naissance. Le *Livre des faits du chevalier messire Jean le Maingre, dit Boucicault,* maréchal de France, écrit vers le commencement du quinzième siècle, énumère les exercices auxquels était soumis le jeune gentilhomme qui aspirait à ce titre : « Il s'essayait à saillir (sauter) sur un coursier, tout armé; *item,* saillait, sans mettre le pied à l'étrier, sur un coursier armé de toutes pièces; *item,* à un grand homme monté sur un grand cheval, saillait de terre à chevauchon (califourchon) sur ses épaules, en prenant ledit homme par la manche à une main (d'une main), sans autre avantage (aide); *item,* en mettant une main sur l'arçon de la selle d'un grand coursier, et l'autre emprès les oreilles, le prenait par les crins en pleine terre et saillait de l'autre part (côté) du coursier. »

Le chevalier Bayard, encore page du duc de Savoie et seulement âgé de dix-sept ans, fit merveille à Lyon, raconte son historien, dans la prairie d'Ainay, devant le roi Charles VIII, « en chevauchant sur son roussin, » et donna, par son seul talent à manier un cheval, une haute idée de ce qu'il valait. C'est dire assez l'importance attribuée à la science de l'équitation. On n'était bon et preux chevalier qu'après avoir fait ses preuves dans les joutes et les tournois, avec le titre d'écuyer. Bien que ses fonctions consistassent essentiellement en *services* rendus, l'écuyer, qui occupait un rang supérieur à celui du page, était plutôt pour le chevalier un auxiliaire, un frère d'armes, qu'un serviteur. Il avait pour charge de porter les armes du chevalier, de prendre soin de sa table, de sa maison, de ses chevaux. Au moment du combat, il se tenait derrière lui, tout prêt à le défendre, à le relever s'il était renversé de cheval, à lui donner, au besoin, une monture fraîche ou de nouvelles armes. Il gardait les prisonniers que le chevalier faisait, et, à l'occasion, il combattait pour lui et à côté de lui.

Fig. 82. — Éperons français du xiii₁ siècle.

Le principal signe distinctif entre les chevaliers et les écuyers consistait dans la matière dont étaient faits leurs éperons : d'or pour les premiers, d'argent pour les seconds. On sait que les Flamands, à la désastreuse bataille de Courtray, recueillirent sur les morts, après l'action, 4,000 paires d'éperons d'or ; donc 4,000 chevaliers de l'armée de Philippe le Bel avaient succombé (1302).

Il fallait, pour *gagner ses éperons* (d'or), expression devenue proverbiale, faire quelque action d'éclat, qui montrât qu'on était digne d'être *adoubé* ou armé chevalier. La cérémonie de réception commençait par le don des éperons, et celui qui conférait l'ordre de chevalerie, fût-il roi ou prince, prenait la peine de chausser ou attacher lui-même les éperons au récipiendaire. En vertu du même principe, lorsqu'une faute ou quelque action lâche ou indigne avait mérité un blâme ou un châtiment au chevalier, c'était par la privation ou le changement des éperons que commençait sa dégradation. Pour une infraction légère, un héraut substituait aux éperons d'or les éperons d'argent, qui faisaient redescendre le chevalier au rang d'écuyer; mais en cas de *forfaicture,* comme on disait, un bourreau ou un cuisinier lui coupait les courroies de ses éperons, ou encore on les lui tranchait avec une hache sur un fumier, et l'infamie pesait à jamais sur celui qui avait subi cet affront public.

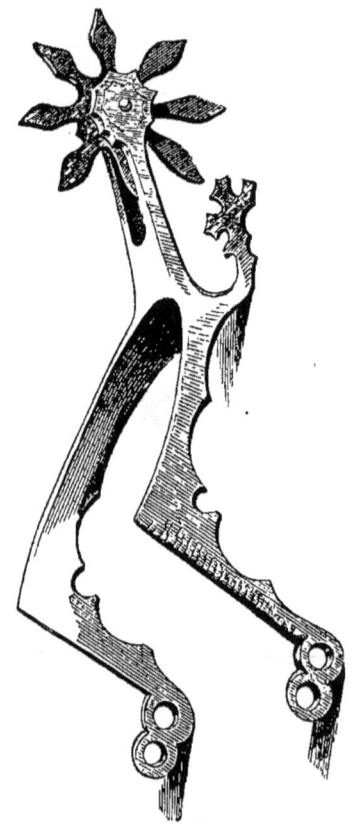

Fig. 83. — Éperon allemand.

Le port des éperons était regardé comme une marque d'indépendance et de pouvoir ; aussi, lorsqu'un seigneur prêtait foi et hommage à son suzerain, était-il obligé de quitter ses éperons, en signe de vasselage. En 816, époque à laquelle la chevalerie n'était pas encore constituée, une assemblée de seigneurs et d'évêques défendit aux ecclésiastiques la mode profane de porter des éperons, laquelle s'était introduite parmi le haut clergé.

L'usage de l'éperon semble remonter à la plus haute antiquité. On a beaucoup discuté sur l'origine de ce mot. Du temps de Louis le Débonnaire on disait *spouro,* qui est devenu *sporen* en allemand, *sperone* en italien, *spur* en anglais, *éperon* en français. Les Latins disaient *calcar* (qui signifiait originairement *ergot de coq*), par analogie sans doute avec la première forme donnée à l'éperon.

Cette forme a singulièrement varié avec les siècles. La plus ancienne que l'on connaisse est celle d'un éperon trouvé dans le tombeau de la reine Brunehaut, morte en 613, et qui est tout simplement en broche ou pointe. On les fit longtemps ainsi, paraîtrait-il; mais, à partir du treizième siècle jusqu'à la fin du seizième, on en voit en rosette, en étoile, à molette tournante, et presque toujours façonnés de la plus riche et délicate manière (fig. 82). Au temps où les chevaux étaient bardés de fer ou de cuir, il fallait nécessairement que les éperons fussent fort longs pour atteindre jusqu'au ventre de l'animal (fig. 83 et 84). Les éperons de Godefroi de Bouillon, qui ont été conservés (attribution plus ou moins contestable), sont un exemple de ce système. Sous Charles VII, les jeunes seigneurs portaient, mais alors bien plus par mode que par utilité, des éperons dont la molette, large comme la main, était fixée à l'extrémité d'une tige de métal d'un demi-pied.

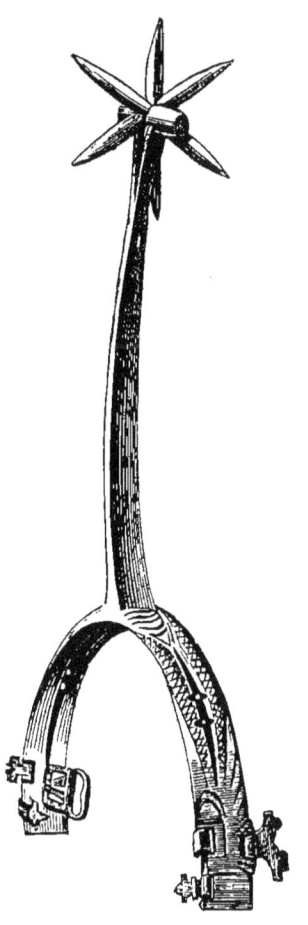

Fig. 84. — Éperon italien.

Si, de temps immémorial, toute monture put « sentir l'éperon », il y eut au moins une époque où toute sorte d'éperon ne put pas indistinctement s'appliquer aux flancs de tel ou tel individu de la race chevaline. « Il y a, » dit Brunetto Latini, écrivain du treizième siècle, dans son *Trésor de toutes choses*, espèce d'encyclopédie du temps, « il y a chevaux de plusieurs manières : les uns sont *destriers* (ou grands chevaux) pour le combat (d'où notre expression : Monter sur ses grands chevaux); les autres, pour chevaucher à l'aise de son corps, sont *palefrois* (qui s'appelaient aussi *amblans*, *haquenées*); les autres sont *roussins* (ou *courtauds*), pour somme porter. » *Somme* signifie ici fardeau, et ce fardeau, que nous appellerions aujourd'hui le bagage, se composait des armes et du haubert de rechange, que le chevalier avait soin d'avoir avec lui en partant pour la guerre.

Les *juments* et les *bâtiers* (chevaux portant le bât) étaient réservés à la culture et au service des champs, et c'est évidemment dans cet intérêt qu'il était interdit à un chevalier de les monter. Faire monter un chevalier « sus jument » était, comme la privation des éperons, une des peines les plus infamantes qu'on pût lui imposer, et du moment où il l'avait subie, « nul qui aimât son honneur n'eût touché ce chevalier déshonoré, non plus qu'un fol tondu (lépreux) ».

Les chevaux des chevaliers français étaient sans oreilles et sans crinière; ceux des Allemands, sans queue. La raison de ces mutilations se trouverait dans l'armure même du cheval et dans la manière dont il était *caparaçonné*. Nous avons dit ailleurs (1) que si les hommes étaient couverts de fer, les chevaux n'étaient pas moins lourdement cuirassés (fig. 85). L'ensemble de l'armure et des ornements du cheval prenait le nom de *harnement* ; les lames

---

(1) Voy. le volume de *l'Ancienne France*, intitulé l'ARMÉE.

de fer ou de cuir (car le cuir était souvent employé aussi) s'appe-

Fig. 85. — Chevalier armé et monté en guerre au xve siècle. (Musée d'artillerie de Paris.)

laient *bardes*. Nous avons non seulement énuméré les pièces qui composaient le harnement : *chanfrein, nasal, flancois*, etc., mais encore signalé, en citant des exemples, le luxe qui présidait parfois à cet *habillement* du cheval. Nous ne reviendrons pas sur ce point, qui se rapporte plus spécialement à l'armurerie; mais nous devons dire quelques mots de la selle, qui est, qu'on nous accorde l'expression, un instrument d'équitation, et non une pièce de l'armement.

L'usage des selles paraît avoir été inconnu des cavaliers primitifs et n'avoir jamais pu s'introduire chez certains peuples, qui, par parenthèse, furent les plus fameux dans l'art de dresser des chevaux et de s'en servir. Les Thessaliens, les Numides, montaient à cru, sans selle, sans étriers, se liant simplement au cheval par la pression des genoux et du gras de la jambe; position en *crochet,* qui est encore celle des plus intrépides cavaliers de l'Orient et de l'Afrique. Hippocrate avait attribué à l'absence de soutien sur leurs montures les fréquentes et graves maladies des hanches et des jambes qui affectaient les Scythes; Galien fit la même remarque pour les légions romaines, qui n'adoptèrent la selle que vers l'an 340 de l'ère chrétienne. Les Gaulois, les Francs, n'en usaient pas plus que d'étriers; mais, lorsque les armures de fer eurent été adoptées, il eût été à peu près impossible aux chevaliers, que leur harnais tenait en quelque sorte raides et tout d'une pièce sur leurs grands chevaux, de garder l'équilibre sans le secours de la selle, et de soutenir le moindre des chocs auxquels ils étaient exposés.

Ils adoptèrent donc des selles hautes, ou plutôt profondes, emboîtant solidement les cuisses et les reins, avec de grands étriers servant d'appuis aux pieds. Le luxe venant orner les pièces du harnachement, il va de soi que les selles, qui d'ailleurs se trouvaient en vue, ne furent pas plus négligées que le reste de la parure du cheval. Ciselées, gravées, elles reçurent des dorures, des peintures, des broderies même, et concoururent ainsi, en même temps que l'écu, à faire reconnaître, par les « images » qu'elles portaient, l'homme d'armes complètement caché dans son vêtement de fer (fig. 86 à 88).

Quant aux étriers, dont il n'est question nulle part chez les Grecs ni les Romains, on peut affirmer qu'ils furent contemporains de

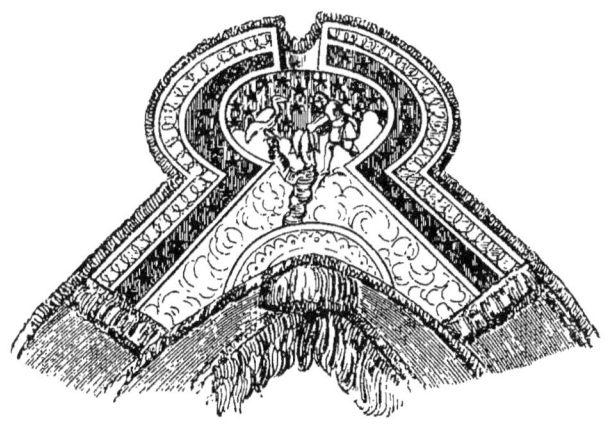

Fig. 86. — Selle de tournoi peinte, tirée de l'*Armeria real* de Madrid. xvie siècle.

l'invention des selles. Ils apparaissent dès les premiers temps de la dynastie mérovingienne, et, si l'on adopte l'étymologie allemande que les savants ont proposée (*streben,* s'appuyer), le mot et la chose auraient été apportés par les Francs dans les Gaules. Quoi qu'il en soit, ils ne cessèrent plus d'être employés, surtout à la guerre et lorsque le poids des armures rendit leur usage indispensable. Ils étaient naturellement très grands, très massifs et très lourds à l'époque de la chevalerie; quand ils diminuèrent de largeur et de poids, ils furent travaillés avec plus de recherche, et devinrent des objets d'art, chargés d'ornements ingénieux et rehaussés par la gravure, la ciselure et la dorure (fig. 89).

Nous avons attribué plus haut, d'après M. de Varennes, l'abandon des voitures de luxe au dédain des Francs pour ce mode de transport, qu'ils réputaient efféminé; mais nous devons faire remarquer, avec le même auteur, que la cause pourrait bien s'en

Fig. 87. — Caparaçon du cheval d'Isabelle la Catholique. xve siècle.

trouver aussi dans le mauvais état où étaient tombées, lors de la décadence de l'empire romain, ces magnifiques voies dont les vainqueurs du monde avaient doté les provinces conquises. Ajoutons que les rues des villes, étroites, tortueuses, sans direction méthodique, étaient le plus souvent autant de cloaques et de fondrières. Philippe-Auguste, le premier, fit paver une partie des rues de Paris, de cette *Lutèce* qui déjà lors de la conquête romaine avait mérité la qualification significative de *fangeuse*. Les princes et les grands, qui, comme Molière le fait dire plaisamment à Mascarille, craignaient « d'imprimer leurs souliers en boue » et n'eussent que difficilement circulé en voiture dans l'intérieur des villes, adoptèrent donc le cheval et la mule. Les dames

Fig. 88. — Housse de selle. xvie siècle.

s'en servaient aussi, mais le plus souvent elles montaient en croupe derrière un cavalier, quand elles ne se faisaient pas porter en litière.

Pendant le moyen âge, les voitures ne furent longtemps que de simples charrettes non suspendues, à quatre roues d'ordinaire, et auxquelles on attelait des chevaux, montés par des serfs. Ces moyens de locomotion devinrent tellement communs, que Philippe le Bel leur opposa un des articles de son ordonnance de 1294, sur les *superfluités,* en disant que « nulle bourgeoise n'aurait char ».

Monter en char était un privilège qui n'appartenait qu'à la noblesse et au clergé. « Si ces voitures, » dit Viollet-Leduc, « étaient fort simples comme forme et combinaison, elles étaient enrichies de peintures, de dorures, recouvertes d'étoffes posées sur des cercles comme nos voitures de blanchisseurs; à l'intérieur, des coussins étaient jetés sur des banquettes disposées en travers. On entrait dans ces chars par derrière, et souvent cette issue était fermée par des chaînes ou des barres d'appui. Du reste, le coffre, jusqu'à la fin du quinzième siècle, reposait sur deux essieux, sans courroies ni ressorts; et les essieux étant fixes, parallèles, il fallait s'y prendre de loin pour tourner. »

Au quatorzième siècle, Eustache Deschamps, dans son *Mirouer de mariage,* fait dire à une femme de qualité :

> Et si me fault bien, s'il vous plest,
> Quant je chevaucherai par rue,
> Que j'aie ou cloque (mante) ou sambuc (cape de cheval),
> Haquenée belle et amblant,
> Et selle de riche semblant,
> A lacs et à pendants de soye.
> Et si chevauchier ne pouvoye,
> Quant li temps est frès comme burre,
> Il me faudrait avoir un curre (char)
> A cheannes, bien ordonné,
> Dedans et dehors painturé,
> Couvert de drap de camocas (camelot).
> Je voy bien femmes d'avocas,
> De poures bourgois de villaige
> Qui l'ont bien ; pourquoy ne l'aurai-je,
> A quatre roncins (roussins) atelé?

Les chars de voyage ou les chars d'honneur avaient la même forme, c'est-à-dire qu'ils n'étaient que des tombereaux recouverts de riches étoffes. On en trouve des représentations dans les ma-

Fig. 89. — Étrier en bronze du xvie siècle.

nuscrits; mais ajoutons qu'ils n'étaient en usage, pour les entrées solennelles, que pour les dames de la suite; rois et nobles montaient ordinairement à cheval. Lors des obsèques royales ou princières, on transportait le corps du défunt dans des chars luxueusement décorés.

La litière, d'un fréquent usage chez les anciens, resta en honneur pour, les cortèges; c'était une sorte de lit couvert ou découvert, juché sur un double brancard et porté par deux chevaux, l'un devant, l'autre derrière. Femmes et malades voyageaient souvent en litière, et quand le duc Robert le Diable voulut se faire ermite, ce fut en litière qu'il se rendit à Jérusalem, du moins suivant la légende. Isabeau de Bavière était en litière « très riche, bien aournée et toute decouverte », rapporte Froissart, lors de son entrée à Paris (20 juin 1389), où elle venait épouser le roi Charles VI. Presque toutes les dames qui lui faisaient escorte figurèrent de la même façon dans cette solennité, l'une des plus fameuses de l'époque. En d'autres circonstances, la même princesse montait une « belle et grande haquenée ».

Durant les fêtes données à la cour de Bourgogne, en 1468, pour le mariage du duc Charles avec Marguerite d'York, on vit beaucoup de seigneurs en litière. Suivant Olivier de la Marche, celle du sire de Ravenstein, de la maison de Clèves, était couverte de drap d'or cramoisi, les pommeaux d'argent, tout le bois richement peint et armoyé; deux chevaux noirs la portaient, harnachés de velours bleu, à gros clous d'argent, et montés chacun par un page. « Dedans ladicte litière estoit le chevalier, à demy assis sur de grans coussins de velours cramoisy, et le fond estoit d'un tapis de Turquie. »

L'emploi des litières cessa d'être général avec les premières années du seizième siècle : on leur substitua le cheval ou la voiture. Quand, par exemple, Marie d'Angleterre, qui allait épouser Louis XII, fit son entrée à Abbeville (octobre 1514), elle était sur une haquenée, ainsi que la plupart des dames, « et le résidu en chariots, raconte Robert de la Marck. Le roi, monté sur un grand cheval bayard, qui sautait, vint recevoir sa femme, avec tous les gentilshommes de sa maison, de sa garde : tout à cheval ». L'entrevue d'Henri VIII et de François Ier, au camp du Drap d'or, donna le plus beau spectacle qu'on eût jamais vu de chevaux caparaçonnés, parés et harnachés avec une richesse inouïe (fig. 90).

Fig. 90. — Henri VIII au camp du Drap d'or (1520), bas-relief de l'hôtel du Bourgtheroulde, à Rouen.

L'empereur Charles-Quint fut obligé d'assez bonne heure, à cause de ses fréquentes attaques de goutte, de renoncer à l'usage du cheval. Lorsqu'il allait en campagne ou en voyage, il était presque toujours suivi d'une litière et d'une chaise; des mules portaient la litière, où il se tenait couché, tandis que des porteurs soulevaient la chaise (fig. 91), pourvue d'un dossier mobile et dont les quatre montants pouvaient porter une espèce d'abri en toile ou en cuir. Ce véhicule était de l'invention de Jean Turriano, qui lui fit plus tard une si belle horloge.

En 1457, les ambassadeurs de Ladislas V, roi de Hongrie, offrirent à Marie d'Anjou, mère de Louis XI, un chariot qui fit l'admiration de toute la cour et du peuple de Paris, « parce que, dit un historien du temps, il était *branlant* (suspendu) et moult riche ».

Il ne paraît pas cependant que les voitures aient été suspendues en France avant le milieu du siècle suivant, et ce système primitif consista en deux courroies, qui passaient longitudinalement sous le coffre. De là le surnom de *chars branlants*. On avait alors apporté quelques autres modifications à la façon des voitures : on y plaça une double entrée sur les côtés entre les roues, avec des marchepieds fixes, et on les surmonta d'une capote pouvant se relever ou s'abaisser à volonté. C'est ce qu'on appela les *coches* d'abord, ensuite les *carrosses*, d'après le mot italien *carroccio*.

En général, le cheval et la mule servaient de monture à tout le monde, aux bourgeois comme aux nobles, aux femmes comme aux hommes. Les *montoirs* établis dans les rues, évidemment trop étroites, sinon pour le passage, au moins pour le croisement des voitures, les anneaux scellés aux portes, prouvent assez cet état de choses. La mule était parculièrement montée par les hommes graves, les magistrats, les médecins qui avaient à « ambuler » par la ville. *Garder le mulet*, expression proverbiale qui signifie attendre en s'impatientant, dérive de ce fait que dans la cour du Palais se tenaient les valets des hommes de loi, lesquels gardaient la monture de leurs maîtres.

Selon Sauval, les deux premiers carrosses qu'on vit à Paris, et qui firent l'admiration du populaire, appartenaient, l'un à la reine Claude, et l'autre à Diane de Poitiers, favorite de François Ier.

L'exemple ne tarda pas à être suivi, et si bien, qu'en ces temps où les lois somptuaires étaient encore regardées comme des mesures efficaces, on vit le parlement supplier Charles IX de défendre aux coches de circuler par la ville. Les magistrats continuèrent d'aller au Palais sur leurs mules jusqu'au commencement

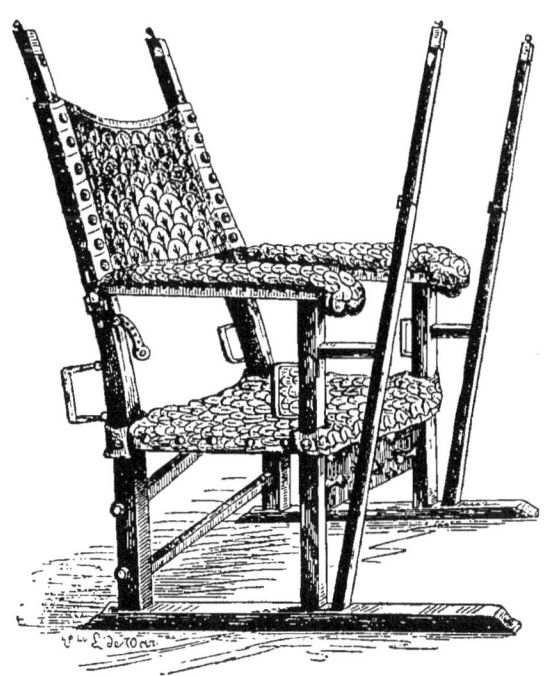

Fig. 91. — Chaise à porteurs de Charles-Quint. *Armeria real* de Madrid.

du dix-septième siècle, témoin Gilles le Maistre, mort en 1562. Il avait passé un contrat avec ses fermiers, dans lequel étaient marquées les conditions suivantes : la veille des quatre grandes fêtes de l'année, ils devaient lui amener une charrette couverte avec de bonne paille fraîche dedans, pour y asseoir commodément sa femme et sa fille, tandis que lui (premier président) marcherait devant, monté sur sa mule, accompagné de son clerc, qui serait à pied. Christophe de Thou, qui lui succéda à la tête du parlement, fut le premier qui s'y rendit en carrosse, mais seulement parce qu'il avait la goutte; d'ailleurs, sa femme continuait de se promener à cheval, assise en croupe derrière un valet.

Henri IV n'avait qu'une seule voiture. « Je ne saurois aller vous voir, » écrit-il un jour à Sully, « pour ce que ma femme se sert de ma *coche*. » Ces coches n'étaient ni élégants ni commodes : ils

Fig. 92. — Voiture de l'époque de Henri IV.

avaient pour portières des *mantelets* ou tabliers de cuir, que l'on tirait ou écartait pour y entrer ou en sortir, et des rideaux semblables contre la pluie ou le soleil (fig. 92).

Le maréchal de Bassompierre, sous Louis XIII, fit faire un carrosse à glaces qui passa pour une véritable merveille, et dès lors fut donné l'élan qui devait inaugurer la féconde période de la carrosserie moderne.

Il y avait autrefois à Paris, comme on le voit par maints documents, plusieurs corporations représentant l'industrie du *harnement*. Tout d'abord venaient les *selliers-bourreliers* et les *selliers-lormiers-carrossiers*. Les privilèges des premiers leur réservaient spécialement la confection des selles et harnais (colliers, dossiers de selles et autres objets servant à l'attelage); les seconds fabriquaient, en outre, des carrosses et la *lormerie* (brides, mors, etc.). Une communauté très ancienne est celle des *lormiers-éperonniers,* « artisans, dit le glossaire de Jean de Garlande, qu'aimait beaucoup la noblesse militaire, parce qu'ils fabriquaient des éperons argentés et dorés, des poitrails en métal pour les chevaux et des mors de bride bien travaillés. » On trouvait aussi les *chapuiseurs,* qui faisaient les arçons d'aune à selles (montants de bois pour la selle) et les *fusts à somme* (bâts pour les bêtes de somme), ouvrages la plupart du temps confectionnés en bois d'aune.

Les *blasonniers* et *cuireurs* de selles recouvraient ensuite de cuir ou de basane les selles et bâts préparés par les chapuiseurs; et enfin les *peintres de selles* s'occupaient de les orner en se conformant soit à la mode, qui fut toujours souveraine chez nous, soit aux lois héraldiques, quand il s'agissait du harnais d'apparat ou de guerre des gentilshommes.

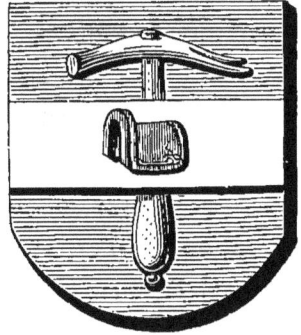

Fig. 93. — Bannière de la corporation des selliers de Tonnerre.

ORFÈVRERIE.

Les bijoux gaulois. — Le trésor de Guarrazar. — Orfèvrerie religieuse. — Progrès de l'orfèvrerie à la suite des croisades. — Émaux de Limoges. — L'orfèvrerie cesse d'être exclusivement religieuse. — Émaux translucides. — Jean de Pise, Agnolo de Sienne, Ghiberti. — Des ateliers d'orfèvrerie sortent de grands peintres et sculpteurs. — Benvenuto Cellini. — Les orfèvres de Paris.

Avant la conquête romaine, les Gaulois travaillaient les métaux, fer, or, argent et cuivre, avec assez d'adresse; leur procédé consistait à couler des lingots dans des moules de terre cuite et à les battre de manière à leur donner la forme convenable. On a trouvé, dans les fouilles récentes, un grand nombre de bijoux de fabrication gauloise, tels que colliers, anneaux, plaques, bagues, ceintures, bracelets, agrafes, dont quelques-uns attestent déjà un certain goût (fig. 94 et 95).

La domination romaine ne fit que développer cette industrie essentiellement nationale; car, même les bijoux dits mérovingiens n'ont aucun rapport, suivant Viollet-Leduc, avec les bijoux romains ou gallo-romains de la fin de l'empire. « On a voulu trouver dans le caractère que possèdent ces objets une influence byzantine; mais, outre qu'il est difficile d'expliquer comment les arts de Byzance auraient pu exercer une influence sur des peuplades venues des bords de la Baltique, il est quantité de ces objets usuels portés par les chefs des Burgondes et des Francs, qui n'ont, même comme fabrication, aucune relation avec les analogues façonnés à Byzance. Ainsi, pour ne citer qu'un exemple, les grandes agrafes de fer damasquiné d'argent, si communes dans les tombeaux, ne sont, ni comme forme, ni comme matière, ni comme procédé de fabrication, des copies ou des réminiscences lointaines de ce qu'on

Fig. 94. — Bracelets, agrafe et diadème gaulois en bronze et argent.

faisait alors à Byzance. Si, entre ces objets de provenance différente, on surprend certains rapports dans la composition des entrelacs, par exemple, nous croyons que ces rapports sont dus à une origine commune, émanée de l'extrême Orient. »

On sait qu'aux temps antiques les plus reculés l'orfèvrerie était florissante ; il n'est guère de récit ancien qui ne mentionne les bijoux, et chaque jour encore la découverte d'objets précieux, dans les ruines ou les tombeaux, vient attester à quel haut degré de perfection le travail de l'or et de l'argent était porté chez des races depuis longtemps éteintes.

Sous l'empereur Constantin, le triomphe de la religion chré-

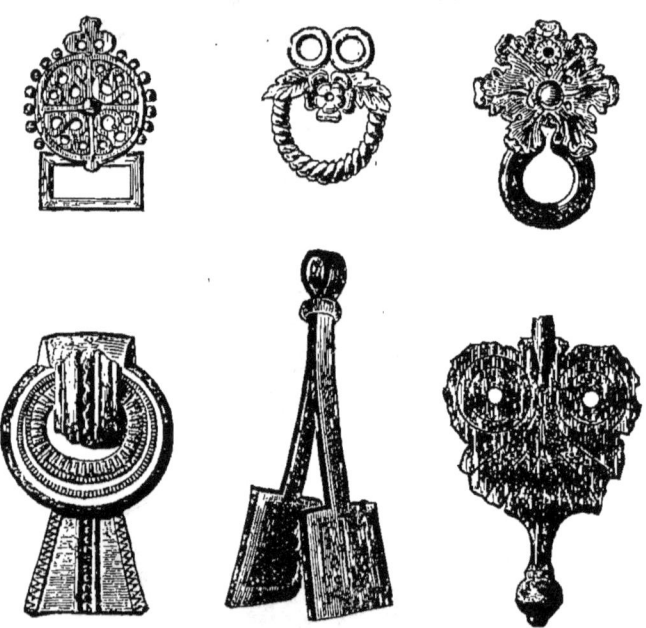

Fig. 95. — Pince et agrafes d'origine gauloise.

tienne, en favorisant la décoration intérieure des édifices consacrés au culte, imprima un nouvel essor au développement de ce bel art. Les papes successeurs de saint Sylvestre (lequel avait provoqué les libéralités de Constantin) continuèrent à entasser dans les églises de Rome les plus somptueuses pièces d'orfèvrerie et les plus massives. Symmaque (498 à 514), à lui seul, selon un calcul de Seroux d'Agincourt, aurait enrichi le trésor des basiliques de

130 livres d'or et de 1,700 livres d'argent, formant la matière des objets le plus délicatement travaillés.

C'était de la cour des empereurs grecs que venait l'exemple de ces splendeurs, car on entend saint Jean Chrysostome s'écrier : « Toute notre admiration est aujourd'hui réservée pour les orfèvres et pour les tisserands ! » et l'on sait qu'ayant eu la courageuse imprudence de censurer le faste de l'impératrice Eudoxie, l'éloquent Père de l'Église expia par l'exil et les persécutions cet excès de zèle et de franchise.

Les brillants spécimens de l'orfèvrerie des Visigoths, que l'on a exhumés en 1858 dans le petit champ de Guarrazar, à dix lieues de Tolède, et qui ont été acquis par notre musée de Cluny, jettent sur les rares monuments de cette époque un jour tout nouveau. Quelques antiquaires ont prétendu voir là une preuve que les barbares venus du Nord subissaient dans les arts l'influence byzantine;

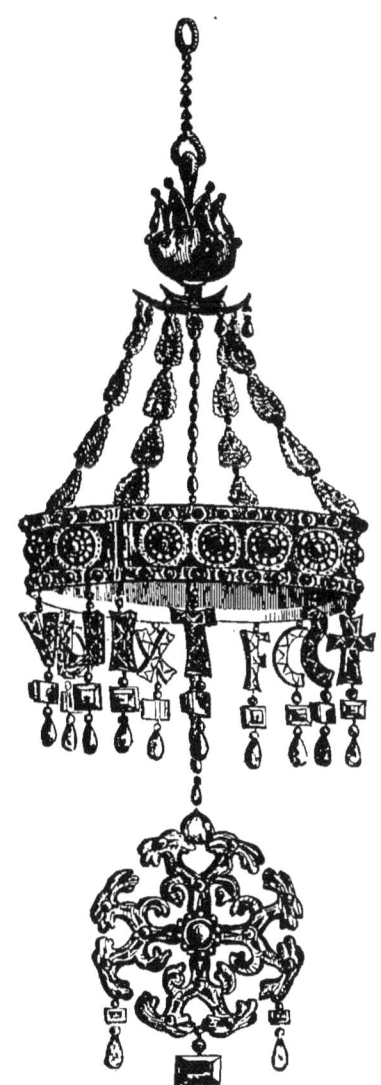

Fig. 96. — Couronne votive de Suintila, roi des Visigoths (626-631). *Armeria real de Madrid.*

rien ne confirme d'ailleurs cette opinion. Le plus remarquable, tant par ses dimensions et son extrême richesse que par la singularité de son ornementation, est une *couronne votive*, destinée à être suspendue, selon l'usage de ce temps, dans un lieu saint, celle de Recesvinthe, qui régna sur les Goths d'Espagne de 653 à 672. Elle se compose d'un large bandeau à charnière et formé d'une double plaque, de l'or le plus fin. Trente saphirs cabochons et autant de perles alternant régulièrement, disposés sur trois rangs et en quinconces, en occupent le tour extérieur. Des ornements découpés remplissent les interstices des pierreries.

La couronne votive du roi Suintila, qui fut renversé du trône en 631, est tout aussi riche et plus ancienne d'une trentaine d'années (fig. 96). Elle est d'or plein, décorée de saphirs et de perles disposés en roses, et rehaussée de deux bordures également serties de pierres fines. L'originalité de ce précieux joyau consiste dans les lettres appendues en guise de pendeloques au bord inférieur du bandeau. Ces lettres, découpées à jour, sont remplies de petits fragments de verre rouge, cloisonnés d'or; leur assemblage donne l'inscription suivante : *Suintilanus rex offeret* (offrande du roi Suintila). Chacune d'elles est suspendue au bandeau par une chaîne à doubles chaînons, et soutient tour à tour une pendeloque de saphir violacé, en forme de poire. Enfin, la couronne est suspendue par quatre chaînes, dont le bouton d'attache est un chapiteau en cristal de roche.

Cinq des couronnes si heureusement découvertes à Guarrazar sont accompagnées de croix : celles-ci, reliées par une chaîne au même bouton d'attache, étaient évidemment destinées à rester suspendues à travers le cercle de la couronne. La croix qui accompagne la couronne de Recesvinthe est de beaucoup la plus riche : huit grosses perles et six saphirs, tous montés à jour, en ornent la face antérieure. Les quatre autres croix ont la forme de ce qu'on

Fig. 97. — Épée de Charlemagne (Trésor impérial de Vienne).

appelle en blason des *croix pattées;* mais elles diffèrent les unes des autres, sous le rapport de leurs dimensions et des ornements dont elles sont enrichies.

Nous avons constaté plus haut que les rois et les leudes de l'époque mérovingienne étalaient, dans leur vaisselle et sur quelques meubles d'apparat, un luxe d'orfèvrerie, où la prodigalité le disputait ordinairement au bon goût. Nous avons vu à l'œuvre saint Éloi, qui mérita, dès le septième siècle, de devenir le patron des orfèvres, et nous avons mentionné non seulement ses remarquables travaux, mais encore l'influence prolongée qu'il exerça sur toute une période historique de l'art. Enfin, nous avons dit que Charlemagne, qui semblait s'être donné pour but d'imiter Constantin en le surpassant, dota magnifiquement les églises d'œuvres d'art, sans préjudice des innombrables somptuosités que renfermaient ses palais.

D'après une tradition, la perte de la plupart des belles pièces d'orfèvrerie qui avaient appartenu à ce monarque serait due à cette circonstance qu'on les avait placées, autour de lui, dans la chambre sépulcrale où son corps fut déposé après sa mort; les empereurs d'Allemagne, ses successeurs, ne se seraient pas fait scrupule, par la suite, de s'approprier ces richesses, dont quelques rares échantillons, notamment son diadème et son épée, sont encore conservés dans le musée de Vienne (fig. 97 et 98).

Singulièrement effacé pendant la période de trouble et de souffrances que traversa l'Église au septième et au huitième siècle, et à laquelle devait mettre fin la puissance de Charlemagne, le luxe religieux, qui subit dès lors d'une façon marquée l'influence byzantine, se manifesta avec une abondance extraordinaire. Ainsi, l'on a calculé que sous Léon III, qui occupait la chaire pontificale de 795 à 816, la valeur pondérable des dons en orfèvrerie dont ce pape enrichit les églises ne s'éleva pas à moins de 1,075 livres d'or et 24,744 livres d'argent!

De cette époque date le fameux autel d'or de la basilique de

Saint-Ambroise de Milan, exécuté en 835, sous les ordres de l'archevêque Angilbert II, par Volvinius, et qui, malgré son immense valeur matérielle, a pu cependant parvenir jusqu'à nous.

« Les quatre côtés du monument, » dit à ce sujet M. Labarte, « sont d'une grande richesse. La face de devant, toute en or, est

Fig. 98. — Diadème de Charlemagne (Trésor impérial de Vienne).

divisée en trois panneaux par une bordure en émail. Le panneau central présente une croix à quatre branches égales, qui est rendue par des filets d'ornement en émail, alternant avec des pierres fines cabochons (polies, mais non taillées). Le Christ est assis au centre de la croix; les symboles des Évangélistes en occupent les branches; les Apôtres sont placés trois par trois dans les angles.

Toutes ces figures sont en relief. Les panneaux de droite et de gauche renferment chacun six bas-reliefs, dont les sujets sont tirés de la vie du Christ; ils sont encadrés par des bordures, formées d'émaux et de pierres fines, alternativement disposés. Les deux faces latérales, en argent rehaussé d'or, offrent des croix très riches, traitées dans le style de ces bordures. La face postérieure, aussi en argent rehaussé d'or, est divisée aussi en trois grands panneaux; celui du centre contient quatre médaillons, et chacun des deux autres six bas-reliefs, dont la vie de saint Ambroise a fourni les motifs. Dans l'un des médaillons du panneau central, on voit saint Ambroise recevant l'autel d'or des mains de l'archevêque Angilbert; dans l'autre, saint Ambroise donne sa bénédiction à Volvinius, maître orfèvre (*magister faber*), comme le dit l'inscription qui nous a transmis le nom de l'auteur de cette œuvre. »

L'Italie n'était pas seule à posséder d'habiles orfèvres et à les encourager. Nous avons signalé, entre autres protecteurs éclairés et assidus de l'orfèvrerie sacrée, une suite d'évêques d'Auxerre, auxquels il faut ajouter Hincmar, archevêque de Reims, qui fit exécuter en 850 une châsse splendide, pour renfermer les reliques de saint Remi, l'illustre patron de sa basilique. Cette châsse était revêtue de lames d'argent, et les statues des douze évêques, ses successeurs, en ornaient le pourtour.

Et cependant, malgré toute sa magnificence artistique, l'orfèvrerie de l'Occident pouvait encore ne paraître qu'un reflet des merveilles qu'enfantaient à cette même époque les artisans orientaux, ou *byzantins*, pour employer la désignation généralement consacrée.

Un spécimen des plus curieux de l'art byzantin, conservé en Russie, est un reliquaire en or, doublé d'une plaque d'argent, et au centre duquel est exécuté au repoussé un Christ en croix (fig. 99). Au-dessus de sa tête, posée sur un nimbe doré, on lit cette ins-

Fig. 99. — Reliquaire byzantin, en émail cloisonné, provenant du mont Athos. xe siècle.

cription grecque : « Jésus-Christ, roi de gloire. » Ce morceau, d'un fini remarquable, est plaqué d'une mosaïque de pierres précieuses de différentes couleurs, séparées par des cloisons en or; la croix est cantonnée d'émail avec des filigranes d'argent. Par derrière sont gravés les noms de l'archimandrite Nicolos. C'est un travail du dixième siècle, qui a été trouvé dans le monastère Ibérien du mont Athos.

S'il n'est venu jusqu'à nous que de rares spécimens de l'orfèvrerie d'une date antérieure au onzième siècle, on peut en attribuer la cause non seulement à la valeur intrinsèque, qui a dû désigner ces objets à la rapacité des barbares pendant les invasions qui eurent lieu après Charlemagne, mais encore, comme nous l'avons fait remarquer ailleurs, au renouvellement du mobilier religieux, qui fut la conséquence en quelque sorte obligée de la réforme architecturale. Il fallait approprier le style de l'orfèvrerie au style des édifices qu'elle devait orner. Les formes qui furent alors adoptées pour les divers objets du culte subirent l'austère influence des monuments, qui eux-mêmes portaient comme une empreinte originelle byzantine; cette dernière s'expliquait, d'ailleurs, par le crédit dont jouissait, notamment pour tout ce qui touchait au travail des métaux, la cité de Constantin, à laquelle l'Orient en général s'adressait quand il s'agissait de quelque œuvre importante.

L'école allemande dut surtout de contracter une couleur byzantine au mariage de l'empereur Othon II avec la princesse grecque Théophano (972), union qui resserra naturellement les relations des deux empires, et qui amena un grand nombre d'artistes et d'artisans d'Orient en Allemagne. Une des pièces les plus remarquables entre celles qui subsistent encore de cette époque est la riche couverture en or d'un Évangéliaire qui se voit à la Bibliothèque royale de Munich, sur laquelle sont exécutés au repoussé divers bas-reliefs d'une grande délicatesse, et dont le dessin a cette pureté qui distinguait alors l'école grecque.

L'empereur Henri II fut donc le bienvenu et, si l'on peut dire, le bien servi par l'état de l'art, lorsque, élevé au trône en 1002 et inspiré par une ardente piété, il voulut renchérir encore envers les églises sur la magnifique libéralité de Constantin et de Charlemagne. C'est à ce prince que la cathédrale de Bâle dut un parement d'autel (fig. 100), qui ne peut être comparé pour la richesse qu'à celui de Milan, mais sans le rappeler, bien entendu, par le

Fig. 100. — Autel d'or, donné à l'ancienne cathédrale de Bâle vers 1019 par l'empereur Henri II ; aujourd'hui au musée de Cluny.

style, qui a perdu toute trace du style antique. Il faut citer aussi la couronne du saint empereur et celle de sa femme Cunégonde, aujourd'hui conservées dans le trésor des rois de Bavière, et qui sont, l'une et l'autre, à six pièces articulées, formant cercle, et supportant, la première, des figures d'anges ailés, la seconde, des tiges à quatre feuilles, d'un dessin à la fois correct et gracieux, et d'une exécution qui révèle une grande habileté de main.

« Au surplus, » dit M. Labarte, « le goût de l'orfèvrerie s'était alors généralement répandu en Allemagne à cette époque, et un grand nombre de prélats suivirent l'exemple de l'empereur. Il faut citer Willigis, le premier archevêque-électeur de Mayence, qui dota son église, vers l'an 995, d'un crucifix du poids de 600 livres, dont les diverses pièces étaient ajustées avec tant d'art que tous les membres pouvaient se détacher aux articulations, et Bernward, évêque de Hildesheim, qui était lui-même, à l'exemple de saint Éloi, un orfèvre distingué. »

Vers la même époque, c'est-à-dire dans la première partie du onzième siècle, un moine de Dreux, nommé Odorain, qui s'était rendu fameux en France par ses travaux d'orfèvrerie, exécuta pour le roi Robert un grand nombre de pièces, destinées aux églises que celui-ci avait fondées.

Comme nous l'avons fait observer dans un précédent chapitre, les croisades provoquèrent une notable activité dans l'orfèvrerie en Europe, par suite du grand nombre de châsses et de reliquaires qu'il fallut faire exécuter pour recueillir les restes vénérés des saints que les soldats de la foi rapportaient de leurs lointaines expéditions (fig. 101 et 102). On vit se multiplier aussi les offrandes de vases sacrés et de devants d'autel. Les livres saints reçurent des étuis, des couvertures, qui furent autant de somptueux ouvrages confiés aux orfèvres. A vrai dire, sans la direction essentiellement religieuse que reçurent à cette époque certaines branches du luxe, que les croisés avaient appris à connaître en Orient, on eût vu peut-être les arts, qui recommençaient seulement à vivre d'une vie propre en Occident, s'éteindre et périr en quelque sorte dans le premier élan de leur renaissance.

C'est principalement au ministre de Louis le Gros, Suger, abbé de Saint-Denis (mort en 1152), qu'il faut faire honneur de cette consécration des arts, car il se déclara hautement leur protecteur; il sut, en quelque sorte, légitimer leur rôle dans l'État, en opposant leur but pieux aux censures trop exclusives de saint Bernard et de ses disciples.

Fig. 101. — Châsse émaillée, travail de Limoges. xiie siècle. (Musée de Cluny.)

A côté du puissant abbé, un simple moine mérite d'être spécialement nommé, Théophile, artiste éminent qui écrivit en latin une Description des arts industriels de son temps (*Diversarum artium schedula*), et consacra soixante-dix-neuf chapitres de son livre à l'orfèvrerie. Ce précieux traité nous montre, de la plus irrécusable manière, que les orfèvres du douzième siècle devaient posséder une sorte d'universalité de connaissances et de manipulations, dont la seule énumération nous étonne d'autant plus que nous voyons partout aujourd'hui les industries tendre à la division presque infinie des travaux. L'orfèvre alors devait être à la

Fig. 102. — Châsse en cuivre doré, fin du xiie siècle.

fois modeleur, ciseleur, fondeur, émailleur, monteur de pierres, nielleur ; il lui fallait savoir jeter en cire ses modèles, aussi bien que les travailler au marteau, ou les enjoliver au burin ; il lui fallait successivement confectionner le calice, les burettes, les ciboires des églises métropolitaines, où se trouvaient prodiguées toutes les ressources de l'art, et produire, par le procédé du vulgaire *estampage*, les découpures ou gaufrures de cuivre destinées à l'ornement des livres des pauvres (*libri pauperum*), etc.

Le trésor de l'abbaye de Saint-Denis possédait encore, à l'époque de la Révolution, plusieurs des chefs-d'œuvre créés par les artistes dont Théophile avait décrit les procédés; notamment la riche monture d'une coupe en agate orientale, qui portait le nom de Suger, et que l'on croit avoir servi de calice pour dire la messe, et la monture d'un vase antique de sardonyx, connu sous le nom

Fig. 103. — *Coupe des Ptolémées*, vase antique donné par Charles le Simple à l'abbaye de Saint-Denis.

de *coupe des Ptolémées*, que Charles le Simple avait donnée à l'abbaye (fig. 103). Apportés au Cabinet des médailles en 1793, la monture de la coupe des Ptolémées et le calice de Suger y restèrent jusqu'à ce qu'ils eurent été volés, en 1804.

Parmi les pièces de cette époque qui subsistent encore, en cuivre et en argent doré, à 18 becs, nous pouvons signaler, outre la « grande couronne de lumières », suspendue sous la coupole dans la cathédrale d'Aix-la-Chapelle (fig. 104.), et la splendide châsse dans laquelle Frédéric Ier recueillit les ossements de Charlemagne; au musée du Louvre, un vase en cristal de roche monté

Fig. 104. — Une des Béatitudes, fragment de la Couronne de lumières de la cathédrale d'Aix-la-Chapelle, travail en cuivre du XIIe siècle.

en or et enrichi de pierreries, donné à Louis VII par sa femme Éléonore; au musée de Cluny, des candélabres; à la Bibliothèque nationale de Paris, la couverture d'un manuscrit latin portant le n° 622 ; une coupe en agate onyx (fig. 105), bordée d'une ceinture de pierres fines se détachant sur un fond de filigrane, et le beau calice d'or de saint Remi (fig. 106), qui, après avoir figuré dans le Cabinet des antiques, a été rendu, en 1861, au trésor de Notre-Dame de Reims.

Des formes sévères, un style noble, distinguent les œuvres d'orfèvrerie des onzième et douzième siècles et, pour principaux élé-

Fig. 105. — Gondole en agate, provenant du trésor de l'abbaye de Saint-Denis. xii⁰ siècle. (Bibl. nat.)

ments de décoration accessoire, on y voit le plus souvent figurer les perles, les pierres fines et les émaux dits *cloisonnés,* qui ne sont autre chose, d'après la description minutieuse de Théophile, que des espèces de délicates mosaïques, dont des lames d'or séparent les segments diversement colorés.

A partir du treizième siècle, l'industrie qui nous occupe renonça aux traditions byzantines pour adopter des formes et des procédés qui appartiennent en propre à l'Occident. Alors, en effet, elle y avait atteint une rare perfection. Plusieurs villes du Rhin, Metz, Arras, Rouen, Bourges, Amiens, Troyes, Limoges, possédaient d'excellents ateliers d'orfèvrerie.

Au temps de saint Louis, il y eut une singulière recrudescence dans le nombre et la richesse des dons et offrandes de pièces d'orfèvrerie aux églises. Ce fut alors qu'on vit, par exemple, Bonnard, orfèvre parisien, assisté des meilleurs ouvriers, passer deux années à fabriquer la châsse de sainte Geneviève, à laquelle il employa 193 marcs d'argent et 7 marcs et demi d'or (le marc valait 8 onces); cette châsse, installée en 1242, était en forme de petite église, avec des statuettes et des bas-reliefs rehaussés de pierreries; elle fut portée en 1793 à la Monnaie; mais la dépouille n'en produisit que 23,830 livres. Un demi-siècle auparavant, les plus célèbres orfèvres allemands travaillèrent pendant dix-sept ans à la fameuse châsse en argent doré, dite *des grandes reliques,* que possède encore la cathédrale d'Aix-la-Chapelle, et qui fut fabriquée à l'aide des dons déposés par les fidèles pendant cet espace de temps dans le tronc du parvis : un édit de l'empereur Frédéric Barberousse ayant appliqué toutes les offrandes à cette destination, « tant que la châsse ne serait pas achevée ».

D'ailleurs, cette époque, qui peut être considérée comme marquant l'apogée de l'orfèvrerie religieuse, est en même temps celle où une importante transition va s'opérer, qui introduira dans la vie civile ce même luxe depuis longtemps dévolu aux seuls usages du culte. Mais avant d'aborder cette phase nouvelle nous devons mentionner, non même sans grand honneur, l'orfèvrerie émaillée de Limoges, qui jouit pendant plusieurs siècles d'une très grande célébrité. Limoges s'était fait, dès la période mérovingienne, une réputation pour ses travaux d'orfèvrerie. Saint Éloi, le grand orfèvre des rois mérovingiens, était originaire de cette contrée, et il travaillait chez Albon, orfèvre et monétaire de Limoges, quand son habileté lui valut d'être appelé à la cour de

Fig. 106. — Calice de saint Remy. xiie siècle. (Trésor de la cathédrale de Reims.)

Clotaire II. Or la vieille colonie romaine avait conservé sa spécialité industrielle, et pendant le moyen âge elle se fit surtout remarquer par la production d'ouvrages d'un caractère particulier, qui déjà se fabriquaient chez elle et en d'autres parties de la Gaule avec une certaine perfection.

Cette orfèvrerie constitue un genre mixte, en cela que le cuivre est la matière servant de *fond d'œuvre,* et en cela aussi que ses principaux effets sont dus non moins à la science de l'émailleur qu'au talent de l'ouvrier sur métal. Les procédés de fabrication en étaient fort simples, à décrire, s'entend, car l'exécution ne pouvait être que d'une longueur et d'une minutie extrêmes.

« Après avoir dressé et poli une plaque de cuivre, » dit M. Labarte, à qui nous empruntons textuellement cette description, « l'artiste y indiquait toutes les parties qui devaient affluer à la surface du métal, pour rendre les traits du dessin ou de la figure qu'il voulait représenter; puis, avec des burins et des échoppes, il fouillait profondément dans le métal tout l'espace que les divers métaux devaient recouvrir. Dans les fonds ainsi *champlevés* (terme parfois adopté pour désigner la fabrication même de ces ouvrages), il introduisait la matière vitrifiable, dont il opérait ensuite la fusion dans le fourneau. Lorsque la pièce émaillée était refroidie, il la polissait par divers moyens, de manière à faire paraître à la surface de l'émail tous les traits du dessin rendus par le cuivre. La dorure était ensuite appliquée sur les parties du métal ainsi réservées. Jusqu'au douzième siècle, les traits du dessin affleuraient seuls le plus ordinairement à la surface de l'émail, et les carnations, comme les vêtements, étaient produites par des émaux colorés. Au treizième siècle, l'émail ne servait plus qu'à colorer les fonds. Les figures étaient réservées en entier sur la plaque de cuivre, et les traits du dessin, exprimés alors par une fine gravure sur le métal. »

Entre les émaux cloisonnés et les émaux *champlevés,* la différence n'est autre, on le voit, que celle du mode de disposition première des compartiments destinés à recevoir les diverses compositions vitrifiables. Ces deux genres d'ouvrages analogues eurent, toute influence de mode mise en compte, une vogue à peu

Fig. 107. — Crosse d'abbé émaillée, travail de Limoges. xiiie siècle.

près égale; mais encore le premier rang paraîtrait-il appartenir à l'orfèvrerie de Limoges, qui, au temps où se manifesta le besoin des reliquaires particuliers et des offrandes collectives aux églises, eut sur l'autre orfèvrerie l'avantage d'être d'un prix beaucoup moins élevé, et par conséquent plus accessible à toutes les classes (fig. 107). Il n'est guère aujourd'hui de musée ni même de collection privée qui ne contienne quelque échantillon de l'ancienne industrie limousine.

D'après Viollet-Leduc, « on se tromperait si l'on pensait que la fabrication de l'orfèvrerie ait perfectionné ses moyens à dater du treizième siècle : c'est le contraire qui se voit. Certes, on trouve, aux deux siècles suivants, des pièces qui présentent plus de régularité dans l'exécution que celles d'une époque antérieure ; mais, de fait, cette exécution est moins belle, moins empreinte d'originalité. Le métier se substitue au travail de l'artiste, la richesse au goût. »

Avec le quatorzième siècle, le luxe de l'orfèvrerie cesse d'avoir pour but exclusif la décoration ou l'enrichissement des basiliques; il prend tout à coup un tel développement dans les sphères civiles, que, voulant ou feignant de vouloir le rappeler dans l'unique voie où il s'était tenu jusqu'alors, le roi Jean, par une ordonnance de 1356, défend aux orfèvres « d'*ouvrer* (fabriquer) vaisselle, *vaisseaux* (vases) ou joyaux d'argent, de plus d'un marc d'or ni d'argent, *sinon pour les églises* ».

Mais on peut faire des ordonnances pour avoir l'avantage de ne pas les suivre, et bénéficier particulièrement de cette exception. Ce fut, paraît-il, ce qui arriva alors; car, dans l'inventaire du trésor de Charles V, fils et successeur du roi qui avait signé la loi somptuaire de 1356, la valeur des diverses pièces d'orfèvrerie n'est pas estimée à moins de *dix-neuf millions* de notre monnaie. Ce document, où la plupart des objets sont mentionnés avec de minutieux détails, suffirait pour composer à lui seul un véritable tableau historique de l'état de l'orfèvrerie à cette époque, et il peut en tout cas donner une haute idée du luxe que cette industrie devait servir.

Parmi les 320 articles de cet inventaire, nous donnerons, à titre d'exemple, la description d'une salière en forme de nef : « Elle est garnie de pierreries, et aux deux bouts il y a deux dauphins, et dedans deux singes qui tiennent des avirons. Autour de la salière, il y a 8 rubis, 8 saphirs et 28 perles. Au long du mât, qui est d'or, il y a quatre cordes de menues perles, 2 rubis et 2 saphirs percés, et une grosse perle à moulinet, pendante par une chaîne d'or au col d'un singe, qui est sur le mât. Au pied de ladite salière, il y a 6 rubis, 6 saphirs et 24 perles. » Charles V avait, rien

Fig. 108. — Agrafe du mariage de Louis IX. xiiie siècle.

que pour le service de table, 292 pièces de vaisselle d'or rehaussées de pierres fines. Son frère, le duc d'Anjou, en comptait deux douzaines, pesant 13 à 14 marcs chacun. Quant aux ducs de Bourgogne, leurs inventaires témoignent de richesses bien autrement considérables.

D'où ce luxe inouï provenait-il ? De l'extrême inégalité dans la répartition des fortunes et du bien-être, de sorte que quelques-uns seulement profitaient de tous les avantages d'un pays. Comme il n'existait pas d'institutions de crédit qui pussent donner aux capitaux un emploi utile avec la certitude de pouvoir les retirer en temps de besoin, il en résultait, selon la remarque de M. de la Borde, « une grande richesse dans un petit nombre de mains, et cette richesse maintenue en nature, c'est-à-dire en vaisselle resplendissante, en armes de luxe, en ustensiles de ménage faits de métaux précieux, jusqu'aux chaudrons et aux chenets qui étaient d'or massif, en bijoux ornés de pierreries, rehaussés de perles et d'émaux, en costumes surchargés de broderies d'or et d'argent, fastueux ornements à l'usage des hommes et des femmes dans les fêtes de la paix, ressources immédiatement réalisables par la fonte, ou comme garantie dans les emprunts pour les besoins de la guerre ».

En nous occupant de l'ameublement civil, nous avons indiqué les noms et l'usage des diverses pièces qui figuraient sur les tables ou les dressoirs : nefs, aiguières, fontaines, hanaps, etc.; nous avons rappelé les nombreuses et capricieuses formes que prenaient ces objets : fleurs, animaux, statues grotesques; nous ne devons pas oublier les joyaux de toutes espèces, *enseignes* ou ornements de coiffure, écussons, agrafes (fig. 108), chaînes et colliers, camées antiques (fig. 109), qui figuraient dans le trésor du roi de France. En traitant de l'ameublement religieux, nous avons, en outre, fait observer que, tout en se consacrant aux parures profanes, l'orfèvrerie n'avait pas moins continué de faire merveille dans la production des objets du culte, et ce serait nous répéter qu'appuyer cette assertion de nouveaux exemples.

Ces deux questions écartées, laissons un poète du temps en soulever une troisième, qui mérite de prendre ici sa place. Eustache Deschamps, mort en 1422, écuyer huissier d'armes de Charles V et de Charles VI, énumère longuement tous les divers bijoux ou joyaux à la possession desquels prétendaient les nobles dames du temps. « Il faut, dit-il,

> Aux matrones
> Nobles palais et riches trones,
> Et à celles qui se marient
> Qui moult tôt (bientôt) leurs pensers varient,
> Elles veulent tenir d'usage
> Vestements d'or, de draps de soye,
> Couronne, chapel et courroye
> De fin or, espingle d'argent;
> Puis couvrechiefs à or batus,
> A pierres et perles dessus.
> Encor vois-je que leurs maris,
> Quand ils reviennent de Paris,
> De Reims, de Rouen et de Troyes,
> Leur rapportent gants et courroyes,
> Tasses d'argent ou gobelets,
> Avec bourse de pierreries,
> Coulteaux à imagineries,
> Espingliers (étuis) taillés à émaux.

Elles veulent encore, elles disent qu'on doit leur donner :

> Pigne (peigne) et miroir d'ivoire,
> Et l'estui qui soit noble et gent (riche et beau),
> Pendu à chaînes d'argent;
> Heures missal me fault de Notre-Dame,
> Qui soient de soutil (délicat) ouvraige,
> D'or et d'azur, riches et cointes (jolies),
> Bien ordonnées et bien pointes (peintes),
> De fin drap d'or très bien couvertes,
> Et quand elles seront ouvertes,
> Deux fermaux (agrafes) d'or qui fermeront.

On voit que, composé d'après ce programme, l'écrin d'une princesse ou d'une puissante châtelaine devait être vraiment splendide. Malheureusement pour nous, les spécimens de ces parures des femmes du quatorzième et du quinzième siècle sont encore plus rares dans les collections que les pièces de grosse orfèvrerie, et l'on est à peu près reduit à s'en figurer l'aspect et la richesse d'après la mention des inventaires, cette grande source de renseignements pour les temps dont les monuments ont disparu.

Fig. 109. — Camée antique, monture du temps de Charles V. (Bibl. nat.)

C'est là qu'on voit se déployer le luxe des *fermails*, ou agrafes de manteau et de chape, et qui s'appellent aussi *pectoraux*, parce qu'ils tiennent le vêtement croisé sur la poitrine ; des ceintures,

ORFÈVRERIE. 195

des *chapels* (coiffures), des reliquaires portatifs et autres « petits joyaux *pendants et à pendre* », dont nous avons renouvelé l'usage sous le nom de *breloques,* et qui représentent toutes sortes de sujets plus ou moins bizarres.

On trouve, par exemple, des fermaux d'or où il y a un paon, une fleur de lis, deux mains qui « s'entretiennent ». Celui-ci est chargé de 6 saphirs, 60 perles et autres grosses pierreries ; celui-là, de 18 *ballaiz* (rubis) et 4 émeraudes. A une ceinture de Charles V, laquelle est faite « de soie ardant, garnie de 8 ferrures d'or », pen-

Fig. 110. — Reliquaire en argent doré. XVᵉ s. (Musée de Cluny.)

dent « ung coutel, une *forcettes* (ciseaux) et un *canivet* (canif) », garni d'or ; les breloques (joyaux pendants) représentent, soit « un homme chevauchant, un coq qui tient un miroir en façon de trefle », soit « un cerf de perles qui a les cornes d'esmail », ou encore un homme monté sur un serpent qui a deux têtes et

Fig. 111. — Enseigne du collier des orfèvres de Gand. xv⁰ siècle.

qui « joue du cor sarrazinois » (trompette d'origine sarrasine). Enfin, notons que, pour les reliquaires, on suit une mode depuis longtemps établie, et qui consiste à les former d'une statuette représentant le saint (fig. 110), ou d'un sujet dont son image fait partie, et à laquelle sont attachées par une chaînette les reliques incrustées dans quelque petit tabernacle d'or ou d'argent, précieusement travaillé.

Fig. 112. — Écusson en argent doré, exécuté par Corneille de Bonte. xve siècle.
(Musée de l'hôtel de ville de Gand.)

Voici que s'ouvre le quinzième siècle, et avec lui une période des plus tumultueuses. La France voit tout à coup se paralyser l'élan d'une industrie qui, pour prospérer, a besoin d'un autre état de choses que les sanglantes dissensions civiles et l'envahissement des étrangers. Non seulement alors les ateliers se ferment, mais encore princes et gentilshommes sont plus d'une fois contraints de faire eux-mêmes main basse sur leurs riches garnitures de table ou sur leurs collections de joyaux, pour soudoyer et armer les hommes de guerre qu'ils commandent, quand ce n'est pas pour payer leur propre rançon.

Pendant ce temps-là, l'orfèvrerie fleurit dans un pays voisin, dans les Flandres, soumises alors à la puissante maison de Bourgogne, laquelle favorise avec autant de goût que de générosité l'art qui vient de s'introniser dans les principales villes. C'est encore là une époque de magnifiques productions, mais dont il n'est guère resté qu'une ou deux pièces attribuées à Corneille de Bonte, qui travaillait à Gand, et qui passe généralement pour le plus habile orfèvre de son temps (fig. 111 et 112).

Quoi qu'il en soit, le style de l'orfèvrerie du quinzième siècle continue, comme dans les deux ou trois siècles précédents, à se conformer au style architectural contemporain. Ainsi, la châsse de Saint-Germain des Prés, qui datait de cette époque, avait la forme d'une petite église ogivale; et quelques pièces qui existent encore à Berlin portent l'empreinte du caractère gothique, qui était celui des édifices d'alors (fig. 113 et 114).

Mais une influence va se faire sentir, qui ne tardera pas à modifier du tout au tout l'aspect général des produits de l'industrie dont nous nous occupons. Cette transformation devait être provoquée par l'Italie, au sein de laquelle, malgré des troubles intérieurs et de graves démêlés avec les autres nations, régnait une somptueuse opulence. Gênes, Venise, Florence, Rome, étaient depuis longtemps déjà autant de centres où les beaux-arts luttaient d'essor et d'inspiration. Dans la plupart des riches marchands devenus patriciens des fastueuses républiques italiennes, on trouvait autant de Mécènes, sous le patronage desquels se développaient de grands artistes, que protégeaient à l'envi les papes et les princes.

« Du moment, dit M. Labarte, que les Nicolas, les Jean de Pise, les Giotto, secouant le joug des Byzantins, eurent fait sortir l'art des langueurs de l'assoupissement, l'orfèvrerie ne pouvait plus être recherchée en Italie qu'à la condition de se tenir à la

Fig. 113. — Châsse du quinzième siècle.

hauteur des progrès de la sculpture, dont elle était fille. Quand on sait que le grand Donatello, Philippe Brunelleschi, le hardi constructeur du dôme de Florence; Ghiberti, l'auteur des merveilleuses portes du Baptistère, eurent des orfèvres pour premiers maîtres, on peut juger quels artistes devaient être les orfèvres italiens de cette époque. » Le premier en date est le célèbre Jean de Pise, fils de Nicolas, qui, amené à Arezzo en 1286 pour sculpter la table de marbre du maître-autel et un groupe de la Vierge entre saint Grégoire et saint Donato, voulut payer son tribut au goût du temps pour l'orfèvrerie, en ornant l'autel de ces fines ciselures en argent, colorées d'émaux, auxquelles on donne le nom d'*émaux translucides* sur relief, et en composant un fermail ou bijou dont il décora la poitrine de la Vierge; ciselures et fermail sont aujourd'hui perdus.

A Jean de Pise succèdent ses élèves, Agostino et Agnolo de Sienne.

En 1316, Andrea d'Ognabene exécutait, pour la cathédrale de Pistoie, un devant d'autel, qui est venu jusqu'à nous, et auquel devaient succéder des travaux plus importants. Vinrent ensuite Pietro et Paolo d'Arezzo, Ugolino de Sienne, et enfin maître Cione, l'auteur de deux bas-reliefs d'argent, qui se voient encore sur l'autel du Baptistère de Florence. Maître Cione, dont l'école fut nombreuse, eut pour élèves principaux Forzone d'Arezzo et Leonardo de Florence, qui travaillèrent aux deux monuments d'orfèvrerie les plus considérables que le temps et les déprédations aient respectés : l'autel de Saint-Jacques de Pistoie, et ce même autel du Baptistère, où furent adaptés après coup les bas-reliefs de Cione. Pendant plus de cent cinquante ans, l'ornementation de ces deux autels, dont la description ne saurait donner une idée, fut, si nous pouvons parler ainsi, la lice où se rencontrèrent tous les plus fameux artistes en orfèvrerie.

A la fin du quatorzième siècle, Luca della Robbia, que nous avons vu s'illustrer dans la céramique, puis Brunelleschi, qui fut aussi grand architecte que grand statuaire, sortent des ateliers d'un orfèvre. A la même époque, brillent Baccioforte et Mazzano de Plaisance, Arditi le Florentin, et Bartoluccio, le maître du fameux sculpteur Ghiberti, à qui sont dues ces portes du Baptistère que Michel-Ange jugeait dignes d'être placées à l'entrée du paradis.

On sait que l'exécution de ces portes fut, en 1400, donnée au concours, et l'on peut dire, à l'honneur de l'orfèvrerie, que Ghiberti, se mesurant avec les plus redoutables concurrents, puisque parmi eux figuraient Donatello et Brunelleschi, ne dut peut-être la victoire qu'à ce seul fait, qu'il avait, par habitude prise en quelque sorte, traité son modèle avec toute la délicatesse d'un

Fig. 114. — Ostensoir en argent doré du xve siècle. Trésor de la cathédrale d'Aix-la-Chapelle.

travail d'orfèvrerie. Et il faut ajouter, mais alors à la louange du grand artiste, que, bien qu'appelé par le succès à des œuvres sculpturales d'une importance supérieure, il tint à rester toute sa vie fidèle à sa première profession, et ne crut pas déroger en fabriquant même des bijoux. C'est ainsi, par exemple, qu'en 1428 il monta en cachet, pour Jean de Médicis, une cornaline qu'on disait venir du trésor de Néron, et qu'il la fit supporter par un dragon ailé sortant d'un massif de feuilles de lierre; en 1429, pour le pape Martin V, un bouton de chape et une mitre, et en 1439, pour le pape Eugène IV, une mitre d'or chargée de cinq livres et demie de pierres précieuses, laquelle représentait, par devant, le Christ entouré d'une foule de petits anges, et par derrière, la Vierge au milieu des quatre Évangélistes.

Pendant les quarante années que dura l'exécution complète des portes du Baptistère, Ghiberti ne cessa, d'ailleurs, de se faire aider par plusieurs orfèvres, qui, sous un pareil guide, ne purent manquer de devenir à leur tour des maîtres habiles.

L'énumération serait longue des orfèvres qui, par la seule force de leur talent, sous la direction des sculpteurs en renom, devaient pendant deux siècles concourir à la production des merveilles dont les églises d'Italie sont encore peuplées; et ce ne serait, en somme, qu'une monotone énumération, à l'intérêt de laquelle n'ajouteraient guère toutes les descriptions que nous pourrions donner de leurs ouvrages. Nous citerons cependant les plus illustres d'entre eux, par exemple, Andrea Verocchio, dans l'atelier duquel passent le Pérugin et Léonard de Vinci; Domenico Ghirlandajo, ainsi surnommé parce que, étant orfèvre, il avait inventé une parure en forme de guirlande dont s'étaient passionnées les belles Florentines, et qui laissa ensuite le marteau et le burin pour prendre le pinceau; Maso Finiguerra, qui, ayant la réputation du plus habile *nielleur* de son temps, grava une *paix* ou patène, que conserve le Cabinet des bronzes de Florence, et qu'on a reconnue être la planche de la première estampe imprimée, dont la Bibliothèque nationale de Paris possède l'unique épreuve ancienne (fig. 115).

Fig. 115. — L'adoration des Mages, plaque d'une paix attribuée à Maso Finiguerra, et conservée à Florence. xv° siècle.

En 1500, naquit Benvenuto Cellini, qui devait être comme l'incarnation du génie de l'orfèvrerie, et qui conduisit cet art à l'apogée de sa puissance.

« Cellini, citoyen florentin, aujourd'hui sculpteur, » rapporte Vasari, son contemporain, « n'eut point d'égal dans l'orfèvrerie, quand il s'y appliqua dans sa jeunesse, et fut peut-être maintes années sans en avoir, de même que pour exécuter les petites figures en ronde-bosse et en bas-relief et tous les ouvrages de cette profession. Il monta si bien les pierres fines, et les orna de chatons si merveilleux, de figurines si parfaites, et quelquefois si originales et d'un goût si capricieux, que l'on ne saurait imaginer rien de mieux; on ne peut assez louer les médailles d'or et d'argent qu'il grava, étant jeune, avec un soin incroyable. Il fit à Rome, pour le pape Clément VII, un bouton de chape, dans lequel il représenta un Père Éternel, d'un travail admirable; il y monta un diamant taillé en pointe, entouré de plusieurs petits enfants ciselés en or avec un rare talent. Clément VII lui ayant commandé un calice d'or dont la coupe devait être supportée par les Vertus théologales, Benvenuto exécuta cet ouvrage, qui est vraiment surprenant. De tous les artistes qui de son temps s'essayèrent à graver les médailles du pape, aucun ne réussit mieux que lui, comme le savent très bien ceux qui en possèdent ou qui les ont vues. Aussi lui confiait-on les coins de la monnaie de Rome, et jamais plus belles pièces ne furent frappées.

« Après la mort de Clément VII, Benvenuto retourna à Florence où il grava la tête du duc Alexandre sur les coins de la monnaie, qui sont d'une telle beauté, que l'on en conserve aujourd'hui plusieurs empreintes comme de précieuses médailles antiques, et c'est à bon droit, car Benvenuto s'y surpassa lui-même. Enfin, il s'adonna à la sculpture et à l'art de fondre les statues. Il exécuta, en France, où il fut au service du roi François Ier, quantité d'ouvrages en bronze, en argent et en or. De retour dans sa patrie, il travailla pour le duc Cosme de Médicis, qui lui commanda d'abord plusieurs pièces d'orfèvrerie et ensuite quelques sculptures. »

Ainsi, Benvenuto est à la fois orfèvre (fig. 116 et 117), graveur de médailles et statuaire, et dans ces trois branches de l'art il excelle, comme l'attestent celles de ces œuvres qui ont survécu.

Fig. 116. — Pendeloque, d'après un modèle de Benvenuto Cellini, XVIe siècle. (Bibl. nat.)

Malheureusement encore la plupart de ses travaux d'orfèvrerie ont été détruits, ou sont confondus aujourd'hui avec ceux de ses contemporains (fig. 118 et 119), sur le goût italien desquels son génie original avait puissamment influé. En France, il ne reste de lui qu'une magnifique salière qu'il exécuta pour François Ier; à Florence, on a conservé la monture d'une coupe en lapis-lazuli, offrant trois ancres en or émaillé, rehaussées de diamants, ainsi que le couvercle en or émaillé d'une autre coupe, en cristal de roche.

Fig. 117. — Aiguière de Benvenuto Cellini. XVIe siècle.

Outre le buste en bronze de Cosme Ier, on peut encore admirer, en même temps que le groupe de *Persée et Méduse*, qui appartient à la grande sculpture, la réduction ou plutôt le modèle de ce groupe, qui par sa dimension touche à l'orfèvrerie, et le piédestal de bronze, orné de statuettes, sur lequel Persée est posé, ouvrages qui font voir ce dont Cellini était capable comme orfèvre. Puis, répétons-le, l'influence qu'il exerça sur ses contemporains fut immense aussi bien à Florence qu'à Rome, aussi bien en France qu'en Allemagne, et son œuvre tout entière aurait pu disparaître qu'il n'en resterait pas moins justement célèbre pour avoir dominé son époque, en imprimant à l'art qu'il professait un mouvement aussi fécond qu'audacieux.

D'ailleurs, à l'exemple du moine Théophile, son prédécesseur du douzième siècle, Benvenuto Cellini, après avoir donné l'exemple pratique, voulut que les théories qu'il avait trouvées en usage et celles qui étaient dues à son esprit d'initiative fussent conservées

Fig. 118. — Coupe en lapis-lazuli, montée en or, enrichie de rubis et d'une figurine en or émaillé. Travail italien du xvie siècle.

Fig. 119. — Burette en cristal de roche, montée en argent doré et émaillé. Travail italien du xvie siècle.

à la postérité. Un traité (*Trattato intorno alle otto principali arti dell' Orificeria*), dans lequel il décrivit et enseigna tous les meilleurs procédés pour travailler l'or, est resté comme un des plus précieux ouvrages sur la matière, et de nos jours encore les orfèvres qui veulent remonter aux véritables sources de leur art ne se font pas faute de le consulter.

Le style artistique du célèbre orfèvre florentin est celui d'une époque où, par un retour passionné vers l'antiquité, on avait introduit partout, jusque dans les sanctuaires chrétiens, l'élément mythologique. Le caractère du moyen âge cesse de présider à l'enfantement des œuvres plastiques, dont les modèles sont choisis parmi les grands restes de la Grèce et de Rome idolâtres. L'art, que la religion du Christ avait réveillé et maintenu, est tout à coup redevenu païen, et Cellini se montre un des fervents des vieux temples relevés en l'honneur des dieux et des déesses du paganisme; c'est-à-dire que sous son impulsion et à son exemple la phalange d'artistes, dont il est en quelque sorte le chef, ne put manquer d'aller loin dans la voie naturelle où il avait marché l'un des premiers.

Quand Cellini vint en France, il trouva, c'est lui-même qui l'atteste dans son livre, qu'on y travaillait « plus que partout ailleurs en *grosserie* » (la grosserie comprenait l'orfèvrerie d'église, la vaisselle de table et les figures d'argent), « et que les travaux qu'on y exécutait au marteau avaient atteint un degré de perfection qu'on ne rencontrait dans aucun autre pays ».

L'inventaire de la vaisselle et des bijoux d'Henri II, parmi lesquels il y en avait beaucoup de Benvenuto Cellini, cet inventaire, dressé à Fontainebleau en 1560, nous montre qu'après le départ de l'artiste florentin les orfèvres français étaient restés dignes de cet éloge; et pour avoir une idée de ce qu'ils savaient faire sous Charles IX, il suffit de rappeler la description, conservée dans les archives de Paris, d'une pièce d'orfèvrerie que cette ville fit exécuter pour l'offrir en présent au roi, lors de son entrée, le 6 mars 1571.

« C'était, » dit ce document, dont nous rajeunissons l'orthographe, « un grand piédestal, soutenu par quatre dauphins, sur lequel était assise Cybèle, mère des dieux, représentant la mère du roi, accompagnée des dieux Neptune et Pluton, et de la déesse Junon, sous les traits de Messeigneurs frères et de Madame sœur du roi.

Fig. 120. — Châsse de saint Sébald, à Nuremberg, commencement du xvie siècle.

Cette Cybèle regardait un Jupiter, représentant notre roi, élevé sur deux colonnes, l'une d'or et l'autre d'argent, avec l'inscription de sa devise : *Pietate et Justitia,* sur lequel était une grande couronne impériale, soutenue d'un côté par le bec d'un aigle posé sur la croupe d'un cheval sur lequel il était monté, et de l'autre côté, du sceptre qu'il tenait, et par cela étant comme déifié. Aux quatre coins du piédestal étaient les figures de quatre rois ses prédécesseurs, tous portant le nom de Charles, à savoir : Charles le Grand, Charles V, Charles VII, Charles VIII, lesquels, de leur temps, sont venus à bout de leurs entreprises, et leurs règnes ont été heureux, comme nous espérons qu'il adviendra de notre roi. Dans la frise de ce piédestal étaient les batailles et victoires, grandes et petites, par lui obtenues ; le tout, fait de fin argent, doré d'or de ducat, ciselé, buriné et conduit d'une telle *manufacture,* que la façon surpassait l'étoffe. »

Cette pièce extraordinaire était l'œuvre de Jean Regnard, orfèvre parisien ; et l'époque où se produisaient de telles œuvres fut justement celle où les guerres de religion allaient causer l'anéantissement d'un grand nombre de chefs-d'œuvre de l'orfèvrerie ancienne et moderne. Les huguenots brisaient et fondaient sans pitié, partout où ils triomphaient, les vases sacrés, les châsses, les reliquaires. C'est alors que furent perdus les plus précieux monuments *orfévrés* des temps de saint Éloi, de Charlemagne, de Suger et de saint Louis.

Dans le même temps, l'Allemagne, sur laquelle l'influence de l'école italienne s'était moins immédiatement fait sentir, mais qui ne devait pas échapper à ce courant, l'Allemagne avait aussi, notamment à Nuremberg et Augsbourg, d'excellents ateliers d'orfèvrerie, qui répandaient dans l'empire, et même à l'étranger, de remarquables ouvrages (fig. 120 et 121). Une nouvelle carrière s'ouvrit pour les orfèvres allemands quand les ébénistes de leur pays

Fig. 121. — Bassin et pot à bière en étain, travail de Nuremberg. XVIe siècle.

eurent imaginé ces *cabinets*, dont nous avons dit quelques mots ailleurs (voyez Mobilier), et dans la complexe décoration desquels figuraient des statuettes, des bas-reliefs d'argent, des incrustations d'or et de pierreries.

Les *trésors* et les musées d'Allemagne ont pu conserver beaucoup de riches pièces de cette époque. Une des plus précieuses collections en ce genre est celle qui existe à Berlin, où, dans le but de suppléer aux originaux en argent, qui ont été fondus, on a réuni une grande quantité de beaux bas-reliefs en plomb et plusieurs vases en étain, épreuves de pièces d'orfèvrerie qu'on suppose être des seizième et dix-septième siècles. A ce sujet, faisons remarquer que le prix considérable de la matière, joint aux ordonnances prohibitives du luxe, n'ayant pas toujours permis aux riches bourgeois de posséder des vases d'or et d'argent, il arriva plus d'une fois aux orfèvres de fabriquer de la vaisselle d'étain, à laquelle ils donnèrent même tant de soin, que ces vases passèrent sur les dressoirs des princes. L'inventaire du comte d'Angoulême, père de François Ier, fait mention d'une vaisselle artistique d'étain considérable. Plusieurs orfèvres même se consacrèrent exclusivement à ce genre, et aujourd'hui les étains de François Briot, qui florissait sous Henri II, sont regardés comme les pièces les plus parfaites de l'orfèvrerie du seizième siècle (fig. 122).

Quoi qu'il en soit, on peut dire qu'après Cellini, et jusqu'au règne de Louis XIV, l'orfèvrerie ne fait que suivre fidèlement les traces du maître italien. Placé haut par l'essor de la renaissance, cet art réussit à se maintenir à ce niveau élevé, sans que toutefois aucune individualité marquante se révèle, jusqu'à ce que, dans un siècle non moins illustre que le seizième, de nouveaux maîtres se montrent pour lui donner un surcroît d'éclat et de magnificence. Ceux-ci se nomment Ballin, de Launay, Julien de Fontaine, la

Barre, Vincent Petit, Roussel; ils sont les orfèvres, les joailliers de Louis XIV, qui les tient à gages, qui les loge dans son Louvre; c'est pour ce prince qu'ils produisent tout un ensemble imposant d'œuvres admirables, dont le Brun fournit souvent les dessins, et qui, sous cette inspiration toute française, quittent les formes gra-

Fig. 122. — Pot en étain, exécuté par F. Briot, XVIe siècle.

cieuses, mais un peu *fluettes,* de la renaissance, et prennent un caractère plus abondant et plus grandiose.

Arrivé au terme de cette esquisse historique de l'orfèvrerie en général, nous croyons qu'il ne sera pas hors de propos d'y adjoindre un rapide tableau de l'histoire plus spéciale des orfèvres français, dont la puissante corporation peut être considérée non seulement comme la plus ancienne, mais aussi comme le modèle de toutes celles qui se formèrent chez nous au moyen âge. Mais auparavant, et puisque nous avons déjà rappelé la part exceptionnelle prise par l'orfèvrerie de Limoges au mouvement industriel de cette époque, nous ne saurions passer outre sans signaler un autre genre de travaux, qui, pour dériver des plus anciens, ne donnèrent pas moins, et à juste titre, une sorte de nouveau lustre à la vieille cité où avaient brillé les premiers orfèvres de la France.

« Vers la fin du quatorzième siècle, » dit M. Labarte, « le goût pour les matières d'or et d'argent ayant fait abandonner l'orfèvrerie de cuivre émaillé, les émailleurs limousins s'efforcèrent de trouver un nouveau mode d'application de l'émail à la reproduction des sujets graphiques. Leurs recherches les conduisirent à n'avoir plus besoin du ciseleur pour exprimer les contours du dessin; le métal fut entièrement caché sous l'émail, qui, étendu par le pinceau, rendit tout à la fois le trait et le coloris. Les premiers essais de cette nouvelle peinture sur cuivre furent nécessairement fort imparfaits; mais les procédés s'améliorèrent peu à peu, et enfin, vers 1540, ils avaient atteint à la perfection. Jusqu'à cette même époque les émaux de Limoges furent presque exclusivement consacrés à la reproduction de sujets de piété dont l'école allemande fournissait les modèles; mais l'arrivée des artistes italiens à la cour de François Ier, et la publication des gravures des œuvres de Raphaël et autres grands maîtres de l'Italie, donnèrent une nouvelle direction à l'école de Limoges, qui adopta le style de l'école italienne. Le Rosso et le Primatice peignirent des cartons pour les émailleurs limousins, et alors ceux-ci, qui n'avaient encore travaillé qu'à exécuter des plaques destinées à être enchâssées dans des diptyques, sur des coffrets, créèrent une orfèvrerie d'une nouvelle espèce. Des bassins, des aiguières, des coupes, des salières, des vases et des ustensiles de toutes sortes, fabriqués avec de légères feuilles de cuivre dans les formes les plus élégantes, se revêtirent de leurs riches et brillantes peintures. »

En première ligne des artistes qui ont illustré cette charmante orfèvrerie, il faut placer Léonard, peintre de François Ier, qui

Fig. 123 et 124. — Côtés d'une salière émaillée à six pans, représentant les travaux d'Hercule, exécutée à Limoges pour François Ier, par Pierre Raymond. XVIe siècle.

fut le premier directeur de la manufacture royale d'émaux fondée à Limoges par ce roi. Viennent ensuite Pierre Raymond (fig. 123 à 125), dont on a des ouvrages datés de 1534 à 1578, les Penicaud, Courteys, Martial Raymond, Mercier, et Jean Limousin, qui était émailleur en titre d'Anne d'Autriche.

Notons qu'à la fin du seizième siècle Venise, imitant sans doute Limoges, fabriquait, elle aussi, des pièces d'orfèvrerie en cuivre émaillé, et revenons à nos orfèvres nationaux.

Leur célèbre corporation pourrait, sans trop de peine, retrouver ses traces dans la Gaule dès l'époque de l'occupation romaine; mais elle n'a pas besoin de faire remonter son origine au delà de saint Éloi, qui est encore son patron, après avoir été son fondateur ou son protecteur. Éloi, devenu premier ministre de Dagobert Ier, grâce d'ailleurs à son mérite d'orfèvre, qui l'avait fait distinguer entre tous, Éloi, tout honoré qu'il était de l'amitié royale, n'en continua pas moins à travailler dans sa forge, comme un simple artisan. « Il faisait pour le roi, » dit la chronique, « un grand nombre de vases d'or enrichis de pierres précieuses, et il travaillait sans se lasser, étant assis et ayant à ses côtés son serviteur Thillon, d'origine saxonne, qui suivait les leçons de son maître. »

Ce passage paraît indiquer que déjà l'orfèvrerie était organisée en corps d'état et qu'elle devait comprendre trois degrés d'artisans : les maîtres, les compagnons et les apprentis.

Il semble évident, en outre, que saint Éloi avait fondé parmi les orfèvres deux corporations distinctes, l'une pour l'orfèvrerie laïque, l'autre pour l'orfèvrerie religieuse, afin que les objets consacrés au culte ne fussent pas fabriqués par les mêmes mains qui exécutaient ceux qu'on destinait aux usages profanes et aux pompes mondaines. Le centre de l'orfèvrerie laïque à Paris fut d'abord la Cité, auprès de la demeure même de saint Éloi, qu'on appela longtemps *maison au fevre,* et autour du monastère de Saint-Martial. La juridiction de ce monastère renfermait l'espace compris entre les rues de la Barillerie, de la Calandre, aux Fèves et de la Vieille-Draperie, sous la dénomination de *Ceinture Saint-Éloi.* Un violent incendie détruisit tout le quartier des orfèvres, à l'exception du monastère, et les orfèvres laïques allèrent s'établir en colonie, toujours sous les auspices de leur saint patron, à l'ombre de l'église de Saint-Paul des Champs, qu'il avait fait construire sur la rive droite de la Seine. L'agrégation des forges et des boutiques de ces artisans ne tarda pas à former une espèce de faubourg, qui prit le nom de *Clôture* ou *Culture Saint-Éloi*.

Plus tard, une partie des orfèvres revinrent dans la Cité ; mais

Fig. 125. — Fond intérieur de la salière de Pierre Raymond, exécutée à Limoges, avec le portrait de François Ier.

ils s'arrêtèrent sur le Grand-Pont, et ne rentrèrent pas dans les rues où les savetiers s'étaient installés à leur place. D'ailleurs, le monastère de Saint-Martial était devenu, sous le gouvernement de sa première abbesse, sainte Aure, une succursale de l'école d'orfèvrerie que le *seigneur Éloi* avait créée, en 631, dans l'abbaye de Solignac, aux environs de Limoges. Cette abbaye, dont le premier abbé, Thillon ou Théau, élève ou, selon l'expression de la chronique, serviteur de saint Éloi, fut aussi un habile orfèvre, conserva pendant plusieurs siècles les traditions de son fondateur, et fournit non seulement des modèles, mais encore d'adroits ouvriers à tous les ateliers monastiques de la chrétienté, qui faisaient exclusivement pour les églises de l'orfèvrerie géminée et émaillée.

Cependant, les orfèvres laïques de Paris continuaient à se maintenir en corporation, et leurs privilèges, qu'ils attribuaient à la faveur spéciale de Dagobert et de saint Éloi, furent reconnus, dit-on, en 768, par une charte royale, et confirmés, en 846, dans un capitulaire de Charles le Chauve. Ces orfèvres ne travaillaient l'or et l'argent que pour les rois et les grands, que n'atteignait pas la sévérité des lois somptuaires. Le *Dictionnaire* de Jean de Garlande nous apprend qu'au onzième siècle il y avait à Paris quatre espèces d'ouvriers en orfèvrerie : les monétaires (*nummularii*), les fermailleurs (*firmacularii*), les fabricants de vases à boire (*cipharii*), et les orfèvres proprement dits (*aurifabri*, travailleurs d'or). Ces derniers avaient leurs *ouvroirs* (ateliers) et *fenestres* (étalages) sur le pont au Change, en concurrence avec les changeurs, la plupart Lombards ou Italiens. Dès cette époque avait commencé entre ces deux corps d'état une rivalité qui ne cessa qu'à la décadence complète des changeurs.

Lorsque Étienne Boileau, prévôt de Paris sous Louis IX, obéissant aux vues législatives du roi, rédigea son fameux *Livre des métiers* pour constituer sur des bases fixes l'existence des corporations, il n'eut guère qu'à transcrire les statuts des orfèvres à peu près tels que les avait institués saint Éloi, avec les modifications résultant du nouvel ordre de choses.

Aux termes de ces statuts, nul ne pouvait *ouvrer d'or* (travailler en or) qui ne fût à la touche de Paris, et d'argent qu'il ne fût aussi bon qu'esterlins. La France excellait alors par la pureté de son étalon d'or, et l'Angleterre par celle de l'argent. Les orfèvres de Paris étaient exempts du guet et de toutes autres redevances féodales; ils élisaient, tous les trois ans, deux ou trois prud'hommes « pour la garde du métier », et ces anciens excerçaient une police permanente sur les ouvrages de leurs con-

Fig. 126. — Sceau ancien de la corporation des orfèvres de Paris.

frères et sur la qualité des matières que ceux-ci employaient. Un apprenti n'était reçu maître qu'après dix années d'apprentissage, et tout maître ne pouvait avoir chez lui qu'un apprenti, outre ceux qui étaient de sa famille. La corporation, en tant que confrérie pour les œuvres de charité ou pour les dévotions, avait un sceau (fig. 126) qui la plaçait sous le vocable de saint Éloi, mais, en tant qu'association industrielle, elle apposait sur les objets fabriqués un *seing*, ou poinçon, qui répondait de la valeur du métal; cette marque avait été établie, en 1275, par Philippe le Hardi. Tous les ans, au jour de Pâques, les orfèvres donnaient un dîner aux pauvres de l'hôtel-Dieu; les dépenses en étaient faites par la boîte de saint Éloi, sorte de caisse d'épargne alimentée par le denier à Dieu prélevé sur toutes les ventes d'orfèvrerie.

Nous emprunterons au *Dictionnaire des institutions* de M. Chéruel d'autres détails intéressants sur cette riche corporation. « Les maîtres orfèvres qui tombaient dans la pauvreté et leurs veuves étaient logés par les gardes en charge dans la *maison commune de l'orfèvrerie,* et ils y recevaient des secours fournis par les aumônes et par le trésor de la corporation. Les orfèvres avaient fait construire, dès 1399, un corps de bâtiment annexé à leur maison commune et appelé l'*hôpital des orfèvres de Paris.* Les confiscations prononcées en justice, à la requête des gardes du métier, appartenaient à la maison commune, ainsi que le tiers des épaves ou objets trouvés et remis au bureau des orfèvres. Des édits de 1355 et de 1378 leur permettaient d'en disposer en faveur des membres de leur corporation devenus indigents. »

La corporation ne tarda pas à obtenir de Philippe de Valois des armoiries (fig. 127), qui lui attribuaient une sorte de noblesse professionnelle, et acquit, par la protection marquée de ce roi, une prépondérance qu'elle ne réussit pas cependant à conserver dans l'assemblée des six corps de marchands; car, bien qu'elle réclamât le premier rang à cause de son ancienneté, elle fut forcée, malgré la supériorité incontestable de ses travaux, de se contenter du second et même de descendre au troisième.

Les orfèvres, lors de la rédaction du code des métiers par Étienne Boileau, s'étaient déjà séparés, volontairement ou malgré eux, de plusieurs industries qui avaient longtemps figuré à la suite de la leur. Les *cristalliers* ou lapidaires, les batteurs d'or ou d'argent, les *brodeurs en orfroi,* les *patenôtriers* en pierres précieuses, vivaient sous leur propre dépendance; les *monétaires* restaient sous la main du roi et de sa Cour des monnaies ; les *hanapiers*, les *fermailleurs*, les potiers d'étain (fig. 128), les boîtiers, les *grossiers*, et d'autres artisans qui travaillaient les métaux communs, n'eurent plus à Paris aucun rapport avec les orfèvres.

Au contraire, dans les villes où quelques maîtres d'un même

Fig. 127. — Armes de la corporation des orfèvres de Paris, avec cette devise :
Vases sacrés et couronnes, voilà votre œuvre.

métier ne suffisaient pas à composer une communauté ou confrérie ayant ses chefs et sa police particulière, force était bien de réunir sous la même bannière les métiers qui avaient le plus d'analogie entre eux, sinon le moins de répugnance. Voilà comment, dans certaines localités de France et des Pays-Bas, les orfèvres, quelque fiers qu'ils pussent être de la noblesse de leur origine, se trouvaient parfois confondus, appareillés avec les potiers d'étain, les merciers, les chaudronniers et même les épiciers; et comment il se fit qu'on accola sur les bannières fleurdelisées les *armes parlantes* de ces divers corps d'état. Ainsi, par exemple, on vit figurer sur la bannière des orfèvres de Castellane (fig. 129), réunis aux merciers revendeurs et tailleurs, une paire de ciseaux, une ba-

Fig. 128. — Le potier d'étain, d'après une gravure de J. Amman. XVIᵉ siècle.

lance et une aune; à Chauny (fig. 130), une échelle, un marteau et un pot indiquaient que les orfèvres avaient pour compères les potiers d'étain et les couvreurs; à Guise (fig. 131), l'association des maréchaux, chaudronniers et serruriers révélait son affinité avec eux par un fer à cheval, un maillet et une clef; les brasseurs d'Harfleur (fig. 132) *cantonnaient* dans leurs armoiries quatre barils entre les bras de la croix de gueules chargée d'une coupe d'or, qui était l'emblème de leurs compères les orfèvres; à Maringues (fig. 133), la coupe d'or posée sur un champ d'azur surmontait le paquet de chandelles des épiciers, etc.

Ces bannières ne se déployaient que dans les cérémonies publiques, aux processions solennelles, aux entrées, mariages, ob-

Fig. 129. — Corporation de Castellane (Provence).

Fig. 130. — Corporation de Chauny (Champagne).

Fig. 131. — Corporation de Guise (Picardie).

Fig. 132. — Corporation de Harfleur (Normandie).

Fig. 133. — Corporation de Maringues (Auvergne).

sèques des rois, reines, princes et princesses. Exempts du service militaire, les orfèvres n'eurent pas, comme d'autres corps de métiers, l'occasion de se distinguer dans la milice des communes. Ils n'en occupaient pas moins la première place dans les *montres de métiers*, et remplissaient souvent des charges d'honneur. A Paris, c'étaient eux qui avaient la garde de la vaisselle d'or et d'argent, quand la bonne ville donnait un grand festin à quelque hôte illustre; c'étaient eux qui portaient le dais sur la tête du roi, à son joyeux avènement; ou qui, couronnés de roses, promenaient sur leurs épaules la châsse vénérée de sainte Geneviève (fig. 134). Sous Louis XIII, on leur accorda le droit de complimenter le monarque dans les circonstances solennelles, droit dont ils usèrent à de nombreuses reprises, comme l'attestent les médailles qu'ils firent frapper pour en perpétuer le souvenir.

En Belgique, dans ces opulentes cités où les corporations étaient reines, les orfèvres, en vertu de leurs privilèges, dictaient la loi et dirigeaient le peuple. Ils furent loin sans doute de jouir de la même influence politique en France : un d'eux, néanmoins, fut ce prévôt des marchands, Étienne Marcel, qui, de 1356 à 1358, joua un rôle si audacieux pendant la régence du dauphin Charles. Mais c'était surtout aux époques de paix et de prospérité que l'orfèvrerie parisienne brillait de toute sa splendeur : alors ses bannières flottaient sans cesse au vent, pour les fêtes et les processions de ses nombreuses et riches confréries, soit à Notre-Dame, à Saint-Martial, à Saint-Paul, soit à Saint-Denis de Montmartre.

En 1337, le nombre des gardes de la communauté de l'orfèvrerie parisienne avait été porté de trois à six. Les élus faisaient graver leurs noms et *insculpter* leurs poinçons sur des tables de cuivre, qui étaient conservées, comme des archives, à la maison de ville. Tout orfèvre français reçu maître après la production de son chef-d'œuvre laissait l'empreinte de son seing ou poinçon particulier sur de pareilles tables de cuivre, déposées dans le bureau du métier, tandis que le poinçon de la communauté elle-même devait être *insculpté* à la Cour des monnaies, qui en autorisait l'usage. Chaque communauté se trouvait avoir ainsi sa marque, que les gardes apposaient sur les pièces, après avoir essayé et pesé le métal. Ces marques, du moins aux derniers siècles, représentaient en général les armes parlantes ou emblèmes des villes : pour Lyon, c'est un lion; pour Melun, une anguille; pour Char-

Fig. 134. — La corporation des orfèvres de Paris, portant la châsse de sainte Geneviève, d'après une ancienne gravure.

tres, une perdrix; pour Orléans, la tête de Jeanne d'Arc, etc. (fig. 135 à 138).

Les orfèvres de France se montraient, et avec raison, jaloux de leurs privilèges, ayant besoin, plus que tous les autres artisans, d'inspirer une confiance sans laquelle leur métier eût été perdu; car leurs ouvrages devaient avoir une valeur authentique et légale comme celle de la monnaie. On comprend donc qu'ils aient exercé une active surveillance sur tous les objets d'or et d'argent, qui se fabriquaient en quelque sorte avec leur garantie. De là, ces visites fréquentes des maîtres jurés dans les ateliers et boutiques des orfèvres (fig. 139); de là, ces procès perpétuels contre toutes les négligences ou fraudes; de là, ces guerres avec les autres métiers qui s'arrogeaient le droit de travailler les métaux précieux sans avoir qualité pour le faire. La confiscation des marchandises, le fouet, le

Fig. 135 à 138. — Marques des orfèvres de Lyon, Chartres, Melun et Orléans.

pilori, sont appliqués aux orfèvres de contrebande, qui altéraient le titre, cachaient le cuivre sous l'or, ou donnaient pour vraies des pierres fausses.

A vrai dire, il paraît singulier que la plupart des autres métiers fussent passibles du contrôle des orfèvres, tandis que ceux-ci n'avaient à répondre qu'à eux-mêmes des excursions qu'ils faisaient sans cesse sur le domaine des industries rivales. Du moment que l'objet à fabriquer était d'or, il appartenait à l'orfèvrerie. L'orfèvre exécutait tour à tour des éperons, comme l'éperonnier; des armures et des armes, comme l'armurier; des ceintures et des agrafes, comme le ceinturier et le fermailleur. Toutefois, il y a lieu de croire que, pour la confection de ces divers objets, les orfèvres avaient recours à l'aide des artisans spéciaux, qui alors ne manquaient pas de tirer tous les bénéfices possibles de cette association fortuite.

ORFÈVRERIE.

Ainsi, lorsqu'il fallut fabriquer la belle épée *orfévrée,* que Dunois portait à l'entrée de Charles VII à Lyon, en 1449, épée d'or garnie de diamants et de rubis, prisée plus de 15,000 écus, l'orfèvre n'intervint probablement que pour en composer et ciseler la poignée, tandis que le fourbisseur se chargeait d'en forger et trem-

Fig 139. — Intérieur de l'atelier d'Étienne Delaulne, célèbre orfèvre au xvıe siècle, dessiné et gravé par lui-même en 1576, à Strasbourg.

per la lame; de même, quand il fallait *ouvrer* une robe de joyaux, comme celle que Marie de Médicis devait revêtir pour le baptême de son fils, en 1606, robe couverte de 32,000 pierres précieuses et de 3,000 diamants, l'orfèvre ne faisait que monter les pierreries et fournir le dessin de leur application sur le tissu d'or et de soie.

Bien avant que François Ier eût appelé à sa cour Benvenuto Cellini et quelques bons orfèvres italiens, les orfèvres français avaient prouvé qu'ils ne demandaient qu'un peu d'encouragement pour se placer d'eux-mêmes à la hauteur des artistes étrangers. Mais cette faveur leur manquant, ils allaient s'établir ailleurs ; ainsi, l'on signale parmi les orfèvres qui, au quinzième siècle, étaient en renom à la cour de Flandre, Antoine, de Bordeaux, Margerie, d'Avignon, et Jean, de Rouen. Il est vrai que, sous le règne de Louis XII, alors que les finances avaient été épuisées dans les expéditions d'Italie, l'or et l'argent étaient devenus si rares en France, que le roi fut obligé de défendre la fabrication de toutes les espèces de *grosserie*.

La découverte de l'Amérique ayant ramené l'abondance des métaux précieux, Louis XII rapporta son ordonnance en 1510, et l'on vit dès lors s'accroître et prospérer les communautés d'orfèvres, à mesure que le luxe, propagé par l'exemple des grands, descendait dans les rangs moyens de la société. La vaisselle d'argent ne tarda pas à remplacer la vaisselle d'étain, qui couvrait les dressoirs bourgeois, et bientôt on en vint à ce point que « la femme d'un marchand portait sur elle plus de joyaux qu'une image de la Vierge ». Le nombre des orfèvres devint alors si grand que, dans la seule ville de Rouen il y avait, en 1563, *deux cent soixante-cinq* maîtres ayant droit de marque !

Résumons ce chapitre.

Jusqu'au milieu du treizième siècle, c'est l'art religieux qui domine : les orfèvres ne sont occupés qu'à exécuter des châsses, des reliquaires, des ornements d'église. A la fin de ce siècle et pendant le suivant, ils font de la vaisselle d'or et d'argent, enrichissent de leurs ouvrages les trésors des rois et des grands, et donnent un éclatant développement aux *parements* d'habits.

Au seizième et au dix-septième siècle, les orfèvres s'adonnent encore davantage à la ciselure, à l'émaillage, au niellage; ce ne sont que bijoux merveilleux (fig. 140) : colliers, bagues, boucles, chaînes, cachets, etc. Le poids de la matière n'est plus le principal, la main-d'œuvre est surtout appréciée, et l'orfèvre exécute en or, en argent, en pierreries, les belles inventions des peintres et des graveurs; néanmoins, cette mode des œuvres délicates a pour inconvénient d'exiger une foule de soudures et d'*alleaiges*, qui dénaturent le titre du métal. Alors commence une lutte acharnée entre les orfèvres et la Cour des monnaies, lutte qui se poursuit, à travers un dédale de procès, de requêtes, d'ordonnances, jusqu'au milieu du règne de Louis XV. En même temps, les orfèvres italiens et allemands, faisant irruption en France, amènent avec eux l'usage des matières à bas titre; la vieille probité professionnelle est suspectée, bientôt elle est méconnue.

A la fin du seizième siècle, on fabrique peu de vaisselle plate historiée. On revient à la vaisselle massive, dont le poids et le titre peuvent être aisément vérifiés. L'or n'est plus guère employé que pour les joyaux, et l'argent se glisse, sous mille formes, dans l'ameublement. Après les *cabinets* revêtus et ornés de sculptures en argent vinrent les meubles d'argent inventés sous Louis XIV par Claude Ballin.

Mais cette masse de métal précieux retirée de la circulation devait bientôt y rentrer, et la mode passa. Les orfèvres se virent réduits à ne fabriquer que des pièces de petite dimension, et la plupart se restreignirent aux travaux de joaillerie, qui les exposaient moins aux vexations de la Cour des monnaies.

D'ailleurs, l'art du lapidaire avait presque changé de face ainsi que le commerce des pierreries. Pierre de Montarsy, joaillier du roi, fut l'auteur d'une sorte de révolution dans son art, que les voyages de Chardin, de Bernier et de Tavernier en Orient avaient comme agrandi. La taille et la monture des pierres précieuses ne furent pas dépassées depuis. On peut donc dire que Montarsy fut le premier joaillier, comme Ballin le dernier orfèvre.

Fig. 140. — Joyau de cou en or massif, émaillé et orné de perles. xvi⁰ siècle.

PEINTURE SUR VERRE.

Le verre. — Vitrage des fenêtres. — Verrières de couleur. — La mosaïque. — Vitraux des douzième et treizième siècles en France : Saint-Denis, Sens, Poitiers, Chartres, Reims, etc. — Aux quatorzième et quinzième siècles, l'art est en pleine floraison. — Jean Cousin. — Robert Pinaigrier et ses fils. — L'art étranger.

Le verre était connu des peuples anciens ; et même, en s'en rapportant à l'autorité de Pline le naturaliste, les Gaulois auraient possédé avant les Romains l'art de sa fabrication. « Si l'on étudie les divers fragments de cette matière fragile qui ont pu arriver jusqu'à nous, » dit Champollion-Figeac, « si l'on tient compte des ornements variés dont ils sont chargés, ou des figures humaines que quelques-uns d'entre eux représentent, il sera difficile d'admettre que l'antiquité ne connut pas les moyens de marier le verre avec la peinture. Si elle n'a pas produit ce qu'on appelle aujourd'hui des *vitraux*, cela tient sans doute à ce que l'usage n'existait point de clore les fenêtres avec des vitres. »

Cependant, on en a trouvé quelques rares échantillons aux fenêtres des maisons exhumées à Pompéi ; mais il fallait que ce fût là une exception, car ce n'est guère qu'au troisième siècle de notre ère qu'on aperçoit dans les historiens trace des vitres fenestrales, employées dans les édifices, et même il faut arriver aux temps de saint Jean Chrysostome, de Lactance et de saint Jérôme pour trouver une formelle affirmation de cet usage.

Il est probable que des matières opaques ajourées ont dû former les premières défenses que l'homme opposa aux intempéries de l'atmosphère. Après avoir employé des treillis de bois, des grilles de métal et des pierres percées de trous, on eut recours à la corne bouillie, éclaircie, étendue en feuilles; à la peau huilée ou parchemin, au papier végétal, aux étoffes de lin, enfin aux pierres tendres et translucides dites spéculaires. Les clôtures de fenêtres en pierre ajourée sont encore très nombreuses en Grèce et en Italie; on en connaît même un exemple en France, lequel date du douzième siècle.

Quant aux vitraux proprement dits, les plus anciens textes connus les placent dans des édifices français. Dans une épître latine composée par Sidoine Apollinaire, mort en 488, l'évêque poète parle d'une église de Lyon, bâtie par saint Patient : « Sous des figures peintes, dit-il, un enduit d'un vert printanier fait éclater des saphirs sur des vitraux verdoyants (*per prasinum vitrum*). »

Au sixième siècle, Grégoire de Tours raconte qu'un soldat brisa la fenêtre vitrée d'une église de Brioude, pour s'y introduire clandestinement et commettre divers sacrilèges, et nous savons que lorsque ce prélat fit reconstruire la basilique de Saint-Martin de Tours, il eut soin d'en clore les fenêtres avec du verre « de couleurs variées ». Vers la même époque, le poète Fortunat célèbre pompeusement l'éclat de la *verrière* d'une église à Paris, qu'il ne nomme pas; mais les savantes recherches de Foncemagne sur les premiers rois de France nous apprennent que l'église bâtie à Paris par Childebert Ier, en l'honneur de la sainte Croix et de saint Vincent, aussi bien que les églises de Lyon et de Bourges, était fermée par des fenêtres vitrées (*vitreis fenestris*). En Bretagne, saint Gildas fit clore de la même manière une petite église construite par lui sur les bords du Blavet.

Du Cange, dans sa *Constantinople chrétienne,* signale les vitraux de la basilique de Sainte-Sophie, reconstruite par Justinien, et le chroniqueur Paul le Silentiaire s'enthousiasme sur l'effet merveilleux des rayons du soleil dans cet assemblage de verres si diversement colorés.

Voici ce que nous lisons dans la vie de Benoît Biscop, abbé de Wearmouth en 680 : « Ce qu'il faut signaler en lui, c'est un zèle extraordinaire pour ce qui pouvait relever la gloire et la beauté des églises et ajouter à la pompe des cérémonies religieuses. L'Angleterre, à cette époque reculée, était encore plongée dans la barbarie : il n'y avait presque point de temples ni de chapelles bâtis en pierre; l'usage des vitres aux fenêtres y était inconnu, de même que celui des peintures sacrées, et l'on n'y trouvait de livres qu'en infime quantité. L'industrieux abbé pourvut admirablement à tous ces besoins : il amena avec lui, de France, des maçons, des vitriers, des peintres habiles en leur art, et fit construire des basiliques de matériaux solides, garnir les croisées de vitraux historiés, et décorer autels et murailles de tableaux et images rapportés de Rome ou reproduits d'après les naïves représentations des catacombes (1). »

Au huitième siècle, époque à laquelle l'usage des vitres commençait à devenir fréquent, la basilique de Saint-Jean de Latran et l'église de Saint-Pierre, à Rome, avaient des verrières de couleur, et Charlemagne, qui avait fait exécuter des mosaïques en verres de couleur dans un grand nombre d'églises, ne négligea pas ce genre d'ornement dans la cathédrale qu'il érigea à Aix-la-Chapelle.

On ne savait fabriquer encore que de petites pièces de verre,

---

(1) *Vie des saints,* grand in-8° illustré, édit. Didot, 1886.

habituellement rondes et désignées sous le nom de *cives,* dont l'assemblage, au moyen de réseaux en plâtre, de châssis en bois ou de lames de plomb, servait à clore les fenêtres. Cette matière étant d'ailleurs fort chère, les riches édifices pouvaient seuls être fermés ainsi. Au surplus, il ne faudrait pas s'étonner si, à une époque où toutes les branches de l'art étaient retombées dans une sorte de barbarie, et où le verre n'entrait qu'exceptionnellement dans les usages ordinaires de la vie, on ne s'était pas avisé de le décorer de figures et d'ornements peints.

Quant à la mosaïque, soit en marbre, soit en verres de couleur, Martial, Lucrèce et d'autres écrivains de l'antiquité la mentionnent dans leurs ouvrages. L'Égypte la connaissait avant la Grèce; les Romains en ornaient les voûtes et le pavé de leurs temples, et même aussi les colonnes et les rues. Il nous est resté de magnifiques échantillons de ces décorations, qui étaient devenues inséparables de l'architecture sous les empereurs.

On a voulu attribuer l'usage d'employer le verre coloré dans les mosaïques à la rareté des marbres de couleur. Ne pourrait-on pas croire aussi que l'usage simultané du marbre et du verre fut le résultat d'un perfectionnement dans l'art de faire des mosaïques? car le verre, que, par des mélanges métalliques, on pouvait amener à une grande variété de nuances, se prêtait bien plus facilement à des combinaisons picturales que le marbre, dont les teintes sont le résultat des caprices de la nature. Sénèque, faisant allusion à l'emploi de ces verres colorés dans les mosaïques, se plaignait de ce qu'on ne pouvait « plus marcher que sur des pierres précieuses » : c'est dire combien l'usage des riches mosaïques s'était répandu à Rome.

Cet art dut singulièrement tomber en décadence, car les quelques monuments qui nous restent en ce genre, datant des premiers siècles chrétiens, sont empreints d'un caractère de simplicité qui n'est nullement en désaccord avec la barbarie des artistes de ces temps-là (fig. 141). Parmi ces monuments il faut citer un pavé, découvert à Reims, et sur lequel se trouvent figurés les douze signes du zodiaque, les saisons de l'année et le sacrifice d'Abraham;

Fig. 141. — Sainte Cécile et Valérien, son époux. Mosaïque conservée à l'église de Sainte-Cécile, à Rome (iiie ou ive siècle).

un autre, où l'on voit Thésée et le labyrinthe de Crète, rapprochés de David et de Goliath. On sait, en outre, qu'il existait dans le *Forum* de Naples un portrait en mosaïque du roi des Goths Théodoric, qui avait fait exécuter par le même procédé un baptême de Jésus-Christ dans l'église de Ravenne. Sidoine Apollinaire, décrivant le luxe excessif de Consentius à Narbonne, parle de voûtes et de pavements garnis de mosaïques. Les églises de Saint-Jean de Latran, de Saint-Clément et de Saint-Georges en Velabre, à Rome, montrent encore des mosaïques de cette époque. Enfin, Charlemagne avait fait orner de mosaïques la plupart des églises construites par ses soins.

Si nous revenons à la verrerie, nous trouvons que sous Charles le Chauve, en 863, il est fait mention de deux artisans, Ragenat et Balderic, qui deviennent en quelque sorte les chefs de race des verriers français. Nous apprenons d'ailleurs, par la chronique de Saint-Bénigne de Dijon, qu'en 1052 il existait dans cette église un « très ancien vitrail » représentant le martyre de sainte Paschasie, et qui aurait été retiré de l'église primitive, restaurée en 850 par l'empereur Charles le Chauve.

On peut donc conclure de là qu'à cette époque l'usage de la peinture sur verre était vulgarisé depuis longtemps. « Il ne faut pas croire cependant, » rapporte le savant Émeric David, « que les artistes ne fussent parvenus alors qu'à tracer des hachures en noir sur des verres de diverses couleurs. Ils peignaient également sur du verre teint et sur du verre sans couleur. Dans le premier cas, ils exprimaient les formes des corps par des traits et des hachures qui offraient tantôt des tons noirs ou bleuâtres, tantôt deux et jusqu'à trois nuances de la teinte fondamentale. Dans le second, ils épargnaient convenablement le fond pour ménager des clairs, et ils formaient ensuite les traits et hachures ou avec des tons noirs, ou avec des nuances de la teinte principale, de même que dans l'opération précédente. Les couleurs étaient puisées dans des verres teints réduits en poudre avec des préparations métalliques, et elles s'incorporaient au feu avec la matière qui servait de support. »

Dès le dixième siècle, les verriers devaient avoir acquis une certaine importance, puisque les ducs souverains de Normandie

Fig. 142. — Saint Timothée, verrière de la fin du xie siècle, trouvée dans l'église de Neuviller (Bas-Rhin).

créèrent alors des privilèges en leur faveur. Or, comme tout privilège se rattachait à la caste nobiliaire, ils imaginèrent de les donner à des familles nobles dont la position de fortune était précaire. Quatre familles de Normandie obtinrent cette distinction. Mais s'il avait été décidé qu'en se livrant à cette industrie les titulaires ne dérogeaient pas, il n'avait pas été dit, comme on le croit communément, que leur profession conférât la noblesse; tout au contraire, un proverbe s'établit qui longtemps resta usité, à savoir que « pour faire un gentilhomme verrier, il fallait d'abord prendre un gentilhomme ».

A quel pays peut-on attribuer l'honneur d'avoir produit les premiers vitraux peints? Bien que cette question ne soit pas franchement résolue, on sait d'une façon certaine que la France possède les plus anciennes verrières qui existent encore, que celles de l'étranger ne dépassent guère le commencement du douzième siècle, et qu'à diverses reprises les artistes français ont été appelés à exécuter des travaux en Angleterre, en Allemagne et en Italie. Depuis le temps où le vitrail fut connu, la France a constamment été renommée pour l'excellence de sa fabrication. Tel est le témoignage positif de Théophile, qui a consacré une grande partie de sa *Schedula diversarum artium* à la peinture sur verre : non seulement il dit que les Français se distinguent surtout dans « la décoration des fenêtres par les vitraux », mais qu'ils sont fort habiles dans la fabrication du verre.

Bien qu'elle fût en pleine activité, la peinture sur verre était encore loin de s'exercer toujours par les procédés qui devaient en faire une des plus remarquables manifestations de l'art. L'application au pinceau des couleurs vitrifiables n'était pas généralement adoptée. Dans les monuments qui nous restent de cette période, nous trouvons, en effet, de grandes *cives* coulées en verre blanc, sur lequel l'artiste a peint des personnages; mais, comme la couleur n'était pas destinée à s'incorporer dans le verre par l'action du feu, on appliquait par-dessus, pour en assurer la conservation, une autre cive translucide, mais épaisse, que l'on soudait à la première.

Pendant que la verrerie peinte cherchait à perfectionner ses procédés, la mosaïque déclinait de plus en plus. Outre qu'il n'est resté qu'un petit nombre de mosaïques des dixième et onzième

Fig. 143. — Bordure d'un ancien vitrail à l'église abbatiale de Saint-Denis.

siècles, elles sont d'un dessin fort incorrect et manquent entièrement de goût et de coloris.

Au douzième siècle, tous les arts se réveillent enfin. On voit surgir les magnifiques cathédrales aux voûtes imposantes, et l'art du verrier vient en aide à l'architecture, pour répandre sur les intérieurs consacrés au culte cette lumière à la fois prismatique et harmonieuse qui donne le calme du recueillement. Mais si, dans les vitraux de cette époque, on est forcé d'admirer l'ingénieuse combinaison des couleurs pour les rosaces, il n'en est pas de même pour ce qui concerne le dessin et le coloris des personnages. Les figures sont ordinairement tracées en lignes raides et grossières sur des verres d'une teinte sombre, où se perd toute l'expression des têtes; l'ensemble du costume est lourdement drapé : il écrase le personnage par son ampleur, comme pour l'enfermer dans une longue gaîne. C'était là, du reste, le caractère général des monuments du temps (fig. 142).

Les verrières dont Suger fit orner l'église abbatiale de Saint-Denis, et dont quelques-unes sont venues jusqu'à nous, datent de 1140. Comme elle fut bâtie avec une promptitude extraordinaire (en trois ou quatre ans, dit-on), l'abbé, ne trouvant pas assez de peintres sur verre à Paris, en appela « de divers pays », c'est-à-dire peut-être de la Champagne et de l'Anjou, pour concourir à sa décoration. L'Adoration des Mages, l'Annonciation, l'histoire de Moïse, et diverses allégories, y sont représentées dans la chapelle de la Vierge et dans celles de Sainte-Osmane et de Saint-Hilaire. On voit aussi, parmi les tableaux principaux, le portrait de Suger aux pieds de la Vierge. Les bordures qui entourent les sujets peuvent passer pour des modèles d'harmonie et de bonne entente des effets (fig. 143); mais c'est encore dans ces sujets eux-mêmes, dont le dessin est d'ailleurs très heureux, que le goût d'assortiment et de combinaison de couleurs est porté au plus haut point.

Saint-Maurice d'Angers nous montre comme monument un peu antérieur, et peut-être comme le plus ancien spécimen de vitraux peints en France, l'histoire de sainte Catherine et celle de la Vierge, qui, à la vérité, n'offrent pas le même mérite d'exécution et de goût que les anciens vitraux de Saint-Denis.

Il faut citer encore, dans la ville d'Angers, quelques fragments que renferment l'église de Saint-Serge et la chapelle de l'Hôpital;

puis une verrière de l'abbaye de Fontevrault; une autre dans

Fig. 144. — Fragment d'un vitrail de l'*Enfant prodigue*, de la cathédrale de Sens, XIIIe siècle.

l'église de Saint-Pierre de Dreux, représentant des scènes de la vie de la Vierge et de celle de Jésus-Christ; enfin, à Vendôme, dans l'église de la Trinité, une des croisées du pourtour du chœur, où se voit la Glorification de la Vierge, laquelle porte au front une auréole, dont la forme, dite *amandaire,* a fourni aux archéologues le sujet de longues discussions, les uns voulant établir que cette auréole, qu'on ne voit figurée de la sorte sur aucun autre vitrail, révélerait dans les travaux des verriers *poitevins,* à qui ce travail est attribué, l'influence de l'école byzantine; les autres prétendant que l'auréole amandaire est un symbole exclusivement réservé à la Vierge. Mentionnons encore, avant de passer outre sur les monuments du douzième siècle, quelques restes de verrières qui se voient à Chartres, au Mans, à Sens (fig. 144), à Bourges, etc.

L'usage des vitraux peints s'était répandu rapidement. Comme l'acquisition en revenait à un prix élevé, un chapitre général de Cîteaux enjoignit, en 1182, aux abbés de l'ordre, sous des peines sévères, de faire enlever les verrières dont plusieurs d'entre eux avaient cru devoir orner leurs églises. Puisque les disciples de saint Bernard se laissaient aller eux-mêmes à un tel luxe de décoration, qu'était-ce alors dans les cathédrales et les abbayes de l'ordre si riche de Saint-Benoît?

En considérant les vitraux de cette époque, on ne tarde pas à se convaincre que les peintres ont su tirer des ressources de leur art le meilleur effet possible. « Chaque verrière, » fait observer l'abbé Bourassé, « se présente comme une immense mosaïque transparente, où les couleurs sont distribuées d'une façon harmonieuse, sans ces contrastes heurtés si pénibles à l'œil. La lumière s'y décomposait comme dans un prisme, et se répandait à travers la vaste enceinte de l'église en un jour voilé, doux et mystérieux. On voit que le verrier ne néglige jamais l'effet de la décoration; le vitrail n'est pas une œuvre à part dans l'édifice, c'est un acces-

PEINTURE SUR VERRE. 243

soire important qui fait valoir l'intention de l'architecte. La nature y est sacrifiée souvent à l'effet d'ensemble : on ne craint pas de représenter des formes architecturales voisines et même des

Fig. 145. — Martyre de saint Pierre et de saint Paul. Vitrail de la cathédrale de Bourges. xiie siècle.

formes identiques, comme des colonnes et leurs chapiteaux, avec des couleurs variées et totalement dissemblables. Qu'importe aux artistes de ce temps qu'il y ait dans un même panneau des portes rouges ou vertes, des murailles jaunes ou violettes, des toits bleus ou bruns, pourvu que le résultat soit irréprochable sous le rapport décoratif? De loin les détails se perdent dans un ensemble éblouissant à la fois et doux au regard. »

Il y eut une véritable transition entre les vitraux du douzième et ceux du treizième siècle.

L'architecture, par son ogive plus élancée, plus gracieuse que les formes massives de l'art roman, vient ouvrir un champ plus vaste et plus favorable aux artistes. Elle se pare d'ornements symboliques, de griffons, d'animaux fantastiques; les feuilles, les rinceaux se croisent, s'entrelacent, s'épanouissent, et produisent ces rosaces si variées qui font l'admiration des verriers modernes. Les couleurs y sont plus habilement combinées, mieux fondues que dans les vitraux du siècle précédent; la façon de grouper les personnages est mieux comprise, et si les figures manquent quelquefois encore d'expression et n'ont pas dépouillé toute leur raideur, au moins les draperies sont-elles plus légères et mieux dessinées. Aussi doit-on ranger ces œuvres parmi les plus étonnantes du moyen âge; elles offrent d'inépuisables trésors à l'artiste de même qu'à l'historien et à l'antiquaire.

Les monuments qui nous restent du treizième siècle sont fort nombreux. C'est, à Poitiers, une verrière composée de petites rosaces, principalement placées à l'une des croisées du milieu de l'église, et au Calvaire du chevet; à Sens, la légende de saint Thomas de Cantorbéry, représentée dans un ensemble de petits médaillons, dits *verrières légendaires;* au Mans, la verrière des corporations des métiers; à Chartres, la verrière de la cathédrale, œuvre aussi magnifique que considérable, qui ne contient pas moins de *mille trois cent cinquante* sujets, répartis sur 143 fenêtres; à Reims, une verrière peut-être moins importante, mais remarquable aussi bien par l'éclat des couleurs que par son caractère d'habile appropriation au style de l'édifice.

Bourges, Tours, Angers et Notre-Dame de Paris offrent de

Fig. 146. — Gilles Malet, bibliothécaire de Charles V, et sa femme, vitrail de l'abbaye de Bonport (Eure). Fin du xive siècle.

très beaux spécimens. La cathédrale de Rouen possède, de cette époque, un vitrail qui porte le nom de Clément de Chartes, *maître vitrier*, le premier des artistes en ce genre dont il reste une œuvre signée ; enfin nommons la Sainte-Chapelle, qui est incontestablement la plus haute expression de ce que l'art pouvait produire. Les vitraux de ce dernier monument sont *légendaires*, ce qui est un des principaux caractères de la peinture à cette époque, et si quelques incorrections se remarquent dans les figures, elles sont rachetées par la recherche de l'ornementation et par l'harmonie des couleurs, qui en font une des œuvres les plus parfaites de la peinture sur verre.

C'est au douzième siècle qu'apparaît la *grisaille,* genre tout nouveau, et souvent usité depuis ; tantôt elle occupe la superficie totale de la verrière, tantôt elle en remplit une partie seulement, et le reste est orné de verres de couleur. Les motifs consistent en fleurons, rinceaux, feuillages, disposés avec beaucoup d'élégance. La grisaille, dont le nom suffit en quelque sorte à décrire l'aspect, fut employée en même temps que la mosaïque de verre en couleurs variées, qu'on voit dans l'église de Saint-Thomas à Strasbourg, dans la cathédrale de Fribourg en Brisgau, et dans plusieurs églises de Bourges (fig. 145).

Le grand nombre de peintures sur verre du treizième siècle, que l'on a pu étudier dans les églises, a inspiré l'idée de classer ces divers monuments, et de les ranger sous des influences d'écoles, désignées par les noms de *franco-normande*, de *germanique*, etc. On est même allé plus loin, car on a voulu reconnaître dans la manière propre aux artistes de l'ancienne France un style normand, un style poitevin (ce dernier reconnaissable, disait-on, au manque d'harmonie dans les couleurs), un style messin, etc. Nous avons de la peine à admettre ces dernières distinctions, et d'autant moins que ceux qui les établissent semblent plutôt s'appuyer sur les défauts que sur les qualités des artistes. D'ailleurs, à cette époque, où le même seigneur possédait quelquefois plusieurs provinces très distantes l'une de l'autre, comme, par exemple, l'Anjou et la Provence, il arrivait que les artistes qu'il emmenait avec lui dans ses diverses résidences ne pouvaient manquer, en confondant leurs travaux, de faire disparaître les influences de province et de réduire, en définitive, ce qu'on appelle *le style poitevin, le style normand,* etc., à une fabrication plus ou moins habile, à un perfectionnement plus ou moins avancé.

Dans le quatorzième siècle, l'artiste verrier se sépare de l'architecte : bien que subordonné naturellement à l'auteur de l'édifice, où les vitraux ne doivent être qu'un ornement accessoire, il veut s'inspirer de lui-même. L'ensemble du monument est sacrifié par lui à l'effet de son dessin, plus savant et plus correct, de son coloris, plus pur et plus éclatant. Peu lui importe que telle partie de l'église soit trop éclairée, ou pas assez ; que la lumière inonde l'abside ou le chœur, au lieu d'arriver partout graduellement,

Fig. 147. — Verrière de la cathédrale d'Évreux, XIVe siècle.

comme dans les monuments antérieurs. Il veut que son travail le recommande, que son œuvre lui fasse honneur. Les grandes figures isolées commencent aussi à prévaloir, et l'on imite quelques détails de l'architecture ogivale. De jour en jour, l'usage s'accrut de représenter au pied des images des saints les portraits des fondateurs des églises ou des donateurs des vitraux, fréquemment accompagnés d'armoiries.

Les poètes de cour, Guillaume de Machaut et Eustache Deschamps, célèbrent dans leurs ouvrages quelques verrières de leur temps et donnent même des détails rimés sur la manière de les fabriquer.

Charles V fut un protecteur zélé de tous les arts, et de la peinture sur verre en particulier. Il accorda des privilèges considérables aux verriers, et leur fit exécuter de nombreux travaux. La coutume existait dès lors d'orner de vitraux peints les habitations royales et seigneuriales (fig. 146). Les artistes composaient eux-mêmes leurs dessins, en les conformant à l'usage que l'on faisait, pour la vie privée, des salles auxquelles ils étaient destinés. Dans un poème du temps intitulé *les Paraboles de vérité*, l'on voit un chevalier monter après dîner dans une tourelle et s'amuser à regarder

> Ung tornoi tout entour
> Portraict et peint en la verriere.

Quelques-uns de ces vitraux, retraçant des légendes familières, ornaient même les églises.

Parmi les œuvres les plus importantes du quatorzième siècle, il faut mentionner en première ligne les vitraux des cathédrales du Mans, de Beauvais, d'Évreux (fig. 147), et les roses de Saint-Thomas de Strasbourg. Viennent ensuite les verrières de l'église

Fig. 148. — Yolande d'Aragon, reine de Sicile, belle-mère de Charles VII, vitrail du xve s.

de Saint-Nazaire, à Carcassonne, et de la cathédrale de Narbonne. Il y a, en outre, à l'église de Saint-Jean à Lyon, à Notre-Dame de Semur, à Aix en Provence, à Bourges, à Metz, des vitraux dignes d'attention sous tous les rapports.

Le quinzième siècle ne fait que continuer les traditions du précédent. « Les tableaux sur verre, » lit-on dans *l'Archéologie sacrée,* « sont dessinés avec la plus grande délicatesse, et l'on remarque de notables progrès dans la composition. Les artistes soignèrent tous les détails avec un soin minutieux, sans avoir égard à la perspective, par un défaut commun à tous les tableaux du temps. » Le cadre des compositions est très riche et formé de motifs d'architecture avec des guirlandes et des feuillages.

Les travaux principaux qui datent de cette époque commencent, pour nous, en suivant l'ordre de mérite, par le vitrail de la cathédrale du Mans, qui représente Yolande d'Aragon (fig. 148), mère du roi Réné, et Louis II, son mari, roi de Naples et de Sicile; nous placerons immédiatement après les verrières de la Sainte-Chapelle de Riom (fig. 149), de Saint-Vincent de Rouen, de la cathédrale de Tours, de celle de Bourges, représentant le vaisseau de Jacques Cœur, etc.

Le seizième siècle, bien qu'il dût amener avec les troubles religieux bien des ravages de nouveaux iconoclastes, nous a légué de nombreux et remarquables vitraux. Nous ne saurions les citer tous; mais il convient, avec la plupart des archéologues, de les diviser en trois branches ou écoles, qui s'établissent formellement par les manières diverses des artistes de cette époque : *école française, école allemande, école messine* ou *lorraine* (fig. 150), laquelle participe des deux précédentes.

A la tête de l'école française figure Jean Cousin, qui, par la diversité de son génie, sut conquérir, dans toutes les branches de l'art, une place éminente. L'occasion est favorable d'esquisser en quelques traits rapides cette physionomie essentiellement française, dont la gloire n'a été mise en son véritable jour qu'à notre époque.

On ignore la date précise de la naissance de Jean Cousin, ainsi

Fig. 149. — Tentation de saint Mars, ermite d'Auvergne; fragment d'un vitrail de la Sainte-Chapelle de Riom. xve siècle.

que celle de sa mort. On sait seulement qu'il naquit vers l'an 1500, au village de Soucy, dans le voisinage de Sens, et il est à peu près certain qu'il ne prolongea guère sa vie au delà de 1588. D'une activité infatigable, il produisit des œuvres fort nombreuses; car, si la peinture sur verre fut l'objet de ses préférences, on sait qu'il s'appliqua également à la peinture à l'huile et à fresque, à la sculpture, à la gravure, et que cette variété de talents lui valut l'honneur d'être surnommé « le Michel-Ange français ». Par malheur, il n'attachait, à l'exemple des artistes du moyen âge, aucune importance à transmettre son nom à la postérité en signant ses œuvres, et ce mépris de la gloire mondaine n'a pas peu contribué à rendre difficile la tâche de lui restituer ce qui lui appartient.

La vie de Jean Cousin fut modeste, et ce qui en est connu se borne à peu de chose. Ses parents étaient de pauvres laboureurs, en condition dans la métairie de Monthard, voisine de Sens. Resté orphelin, il tomba à la charge d'un membre de sa famille, qui habitait cette ville, et qui, par indigence, l'occupait à de vils travaux. Un bourgeois charitable, frappé de son intelligence, le tira de misère et lui fournit les moyens de s'instruire. Il y avait alors à Sens, comme dans beaucoup de cités épiscopales, une école de peintres verriers, où se conservait le culte des traditions anciennes; deux d'entre eux, Jacques Hympe et Tassin Grassot, furent les maîtres de Jean Cousin.

Quoiqu'il ait passé la plus grande partie de sa vie à Paris, dans la maison qu'il avait acquise rue des Marais (aujourd'hui rue Visconti), il allait souvent à Sens, et il dut quelquefois habiter le château de Monthard, qu'il avait orné de vitraux et d'ornements sculptés. Il jouissait de la réputation bien avant l'arrivée des Italiens Rosso et Primatice en France; mais il ne fut pas comme eux comblé des faveurs de la cour; à peine figure-t-il dans les comptes royaux de 1540 à 1550, en qualité *d'imagier*, c'est-à-dire de dessinateur, à raison de 14 livres par mois. « L'estime qu'on doit avoir pour un si grand homme, » rapporte Félibien, « m'a souvent fait informer de sa vie et de ses mœurs; mais je

Fig. 150. — Vitrail allégorique, représentant *le Camp de la Sagesse*. Travail lorrain du XVIe siècle, conservé à la Bibliothèque de Strasbourg.

n'ai rien ouï dire de lui que de très avantageux. » Jean Cousin fut marié trois fois, et ne laissa qu'une fille.

Dans la statuaire et la peinture, ses principaux ouvrages sont le *Tombeau de l'amiral Chabot* et *le Jugement dernier,* l'un et l'autre placés au Louvre, et dont nous n'avons point à nous occuper ici. C'est à titre de peintre verrier que Cousin est le plus généralement connu, bien que la fragilité de la matière qui servait à ses compositions en ait hâté la ruine. Une des causes de leur disparition, cause qui s'étend à l'art tout entier, fut la nécessité de donner plus de clarté à l'intérieur des églises, et bien plus encore à celui des appartements. Au château d'Anet, le duc de Vendôme fit remplacer les vitres peintes en grisaille par des verres blancs, à l'unique fin d'y voir plus clair.

« Profitant des progrès matériels pour la cuisson des pièces, qui permettaient de leur donner une plus grande dimension, » dit M. Ambroise Didot dans une savante étude sur notre artiste, « Jean Cousin put réduire dans ses grandes compositions la quantité d'armatures en plomb qui cernent les contours du dessin et obscurcissent le jour. Il sut aussi remplacer, par des couleurs plus claires, plus sobrement ménagées et d'un dessin plus large, le miroitement de ces couleurs primitives qui ne brillent de tout leur éclat que lorsque les rayons du soleil les pénètrent. » Grâce à cette innovation, jointe à une haute intelligence artistique, Jean Cousin a mérité d'être mis au premier rang dans un art où la France a excellé de tous temps.

D'après les témoignages les plus dignes de foi, l'on peut mentionner une longue suite d'ouvrages, les uns détruits, les autres conservés en partie.

Commençons par son pays natal. A Sens, dans la cathédrale, on voit la *Légende de saint Eutrope,* distribuée en huit compartiments; la partie supérieure représente Jésus-Christ entre les quatre évangélistes et deux prophètes, et le soubassement, un

Fig. 151. — *Défaite des Amalécites.* Vitrail de Jean Cousin, en partie détruit. xvie siècle.

groupe d'anges. Cette belle composition porte la date de 1530. Une plus remarquable encore, c'est, dans la même église, *la Sibylle tiburtine consultée par l'empereur Auguste,* bien conservée à l'exception d'une partie endommagée par un boulet de canon dans l'invasion de 1814. Alexandre de la Borde en a fait la description suivante : « Marie, que la sibylle paraît montrer, tient entre ses bras l'enfant Jésus ; elle est entourée d'anges formant des concerts avec des instruments de musique, et surmontée du Père éternel dans sa majesté, tenant, d'une main, le globe du monde et bénissant, de l'autre, l'univers. Dans le panneau de droite est représenté l'un des capitaines d'Auguste, revêtu d'une cuirasse et le bâton de commandement à la main ; les deux vieillards qui l'accompagnent semblent être des aruspices. Le panneau de gauche est rempli par des femmes ingénieusement groupées. L'empereur est au centre, à genoux, dans une attitude d'étonnement et d'admiration. Le fond du tableau est occupé par une architecture symétrique d'une très riche ordonnance. » L'église des Cordeliers et celle de Saint-Romain, à Sens, démolies toutes deux, possédaient aussi de beaux vitraux de Jean Cousin ; il n'en reste que des fragments.

La maison de notre artiste était décorée de médaillons de petite dimension au nombre de trente-deux, placés dans une galerie qui donne sur la cour ; ils sont maintenant à Auxerre. On y remarque quelques sujets un peu grotesques, ce qui n'a pas lieu de surprendre de la part de Cousin, « qui excellait à composer des figures fantastiques, des mascarons et des chimères ». Aux environs de Sens, dans la chapelle du château de Fleurigny, il y a une répétition du sujet de *la Sibylle tiburtine,* mais il est traité tout différemment.

Au château d'Anet, près de Dreux, ce chef-d'œuvre de l'art français, élevé sous Henri II par Philibert Delorme, décoré de sculptures par Jean Goujon et de peintures sur verre par Jean

Fig. 152. — Scène de l'Apocalypse; vitrail de Jean Cousin, à la chapelle de Vincennes.

Cousin, les fenêtres offraient une suite de compositions exécutées en grisaille claire, et tirées en partie de la Fable et de l'histoire sainte. De ces vitraux, dont la gravure a reproduit le grand sujet des *Israélites vainqueurs des Amalécites,* on a sauvé quelques parties seulement (fig. 151).

Jean Cousin, qui avait son atelier à Paris dans la cour de la Sainte-Chapelle, a orné de ses œuvres plusieurs églises de cette ville. Tout a disparu, perte d'autant plus regrettable qu'elles étaient, au jugement de Leviel qui les avait vues, dignes de l'admiration des connaisseurs pour la belle exécution et la brillante vivacité du coloris.

Dans la chapelle de Vincennes, la verrerie est entièrement de la main de Jean Cousin; l'on y voit *l'Annonciation,* les portraits en pied de *François I*er et d'*Henri II* en costume royal, et *les Approches du Jugement dernier,* d'après l'Apocalypse (fig. 152 et 153). Ces magnifiques vitraux, que Lenoir regarde comme les plus beaux monuments de la peinture sur verre en France, ont malheureusement beaucoup souffert. On a voulu y constater l'imitation des Italiens, soit du Parmesan, soit de Raphaël, ou de Michel-Ange. « Mais cette diversité d'opinions, » fait observer un critique, « prouve que sa manière était à lui. Telle est la fortune des hommes de génie : ils se rencontrent sans se chercher ni se connaître. »

Enfin, l'on attribue à Jean Cousin plusieurs compositions, entre autres *le Triomphe de la loi de grâce,* à l'église de Saint-Patrice de Rouen, et une partie des belles verrières de celle de Saint-Acheul, à Écouen.

Un autre artiste, inférieur à Cousin, mais beaucoup plus fécond, fut le Tourangeau Robert Pinaigrier, mort vers 1550. Aidé de ses fils, Jean, Nicolas et Louis, et de plusieurs de ses élèves, il

Fig. 153. — Scène de l'Apocalypse; vitrail de Jean Cousin, à la chapelle de Vincennes.

avait exécuté quantité de vitraux pour des églises de Paris, qui la plupart ont disparu : Saint-Jacques la Boucherie, la Madeleine, Sainte-Croix en la Cité, Saint-Barthélemy, etc. Il reste de magnifiques spécimens de ses travaux à Saint-Merry (*Légende de saint Joseph*), Saint-Gervais (*Vie de la Vierge*), Saint-Étienne du Mont, dans la cathédrale de Chartres, et surtout à Montmorency. L'œuvre dont Pinaigrier décora les châteaux et les habitations aristocratiques n'est peut-être pas moins considérable.

Engrand le Prince et Laurent Fauconnier doivent aussi être comptés parmi les bons peintres verriers d'alors.

On fit aussi à cette époque quelques verrières sur des dessins de Raphaël, de Léonard de Vinci, du Parmesan; on peut même noter que deux patrons de ce dernier ont servi à Bernard Palissy, qui était *verrier* avant d'être émailleur, pour faire les verrières en grisaille de la chapelle du château d'Écouen. Palissy exécuta pour la même résidence, d'après Raphaël et sur les dessins du Rosso, dit *maître Roux,* trente tableaux sur verre, représentant l'histoire de Psyché, qui passait à bon droit pour une des plus belles compositions du temps; mais on ignore ce que sont devenus ces précieux vitraux, qui à la Révolution avaient été transportés au musée des Monuments français.

Ces vitraux avaient été exécutés, dit-on, sous la direction de Léonard de Limoges (mort vers 1580), qui, de même que tous les maîtres de cette école (fig. 154), appliquait à la peinture sur verre les procédés de l'émaillerie, et réciproquement. Il nous reste dans les collections du Louvre, et chez quelques amateurs, des ouvrages de sa fabrication, pour laquelle il employait les meilleurs peintres verriers de son temps; car il ne pouvait pas travailler lui-même à tous les objets sortant de ses ateliers et destinés presque exclusivement à la maison du roi. Léonard, au jugement de M. de Laborde, conserva le caractère français dans ses pein-

Fig. 154. — Saint Paul; émail de Limoges, par Étienne Mercier.

tures, et, tout en imitant les Italiens et les Allemands, il créa comme un style particulier à Limoges.

La vitrerie française devint cosmopolite. Elle s'était introduite en Espagne, ainsi que dans les Pays-Bas, sous la protection de Charles-Quint et du duc d'Albe. Il paraît même qu'elle avait franchi les Alpes; car nous savons qu'en 1512 un peintre verrier, du nom de Claude, décorait de ses œuvres les grandes fenêtres du Vatican, et que Jules II appela dans la ville éternelle Guillaume de Marseille, dont il avait été à même d'apprécier le talent, lorsqu'il occupait en qualité d'évêque, les sièges de Carpentras et d'Avignon. Rappelons toutefois, parmi les artistes flamands qui avaient échappé à cette influence étrangère, le nom de Dirk ou Thierri de Harlem (fig. 155), le plus célèbre maître de la fin du quinzième siècle.

Pendant que l'art français se répandait ainsi au dehors, l'art étranger s'introduisait en France. Albert Dürer consacrait son pinceau à vingt croisées de l'église du vieux Temple, à Paris, et produisait un ensemble de tableaux d'un dessin vigoureux, d'une coloration chaude et intense. Le célèbre Allemand ne travaillait pas seul; d'autres artistes l'accompagnaient, et l'on retrouve encore dans beaucoup d'églises et de châteaux la trace de ces maîtres intelligents, dont les compositions, généralement aussi bien ordonnées qu'exécutées, sont empreintes d'une naïveté très conforme à l'esprit des sujets pieux qu'elles représentent.

En 1600, Nicolas Pinaigrier transportait sur les vitraux du château de Briffe sept tableaux en grisaille, empruntés à François Floris, maître flamand, né en 1520, tandis que les van Haeck, les Herreyns, les Jean Dox, les Pelgrin-Rœsen, appartenant tous à l'école d'Anvers, et d'autres artistes qui ont orné de vitraux la plupart des églises de la Belgique, notamment Sainte-Gudule de Bruxelles, influençaient, soit directement, soit indirectement, les peintres verriers de l'est et du nord de la France.

Un autre groupe d'artistes, les Provençaux, copistes de la ma-

nière italienne ou plutôt inspirés par le même soleil, le soleil de
Michel-Ange, entraient dans la voie où marchaient avec éclat Jean

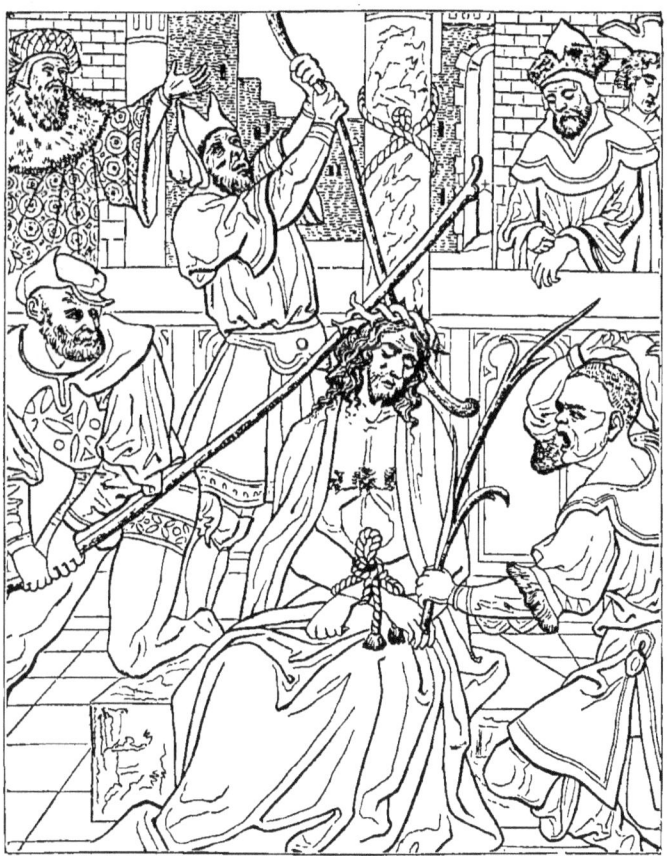

Fig. 155. — Fragment d'un vitrail flamand (xv⁰ siècle), peinture en camaïeu
rehaussée de jaune, par Dirk de Harlem.

Cousin, Pinaigrier, Palissy. Cette école avait pour chefs ce Claude
et ce Guillaume de Marseille, que nous venons de citer comme
ayant porté leur talent et leurs ouvrages en Italie, où ils formèrent
les meilleurs élèves.

Quant à l'école messine ou lorraine, elle est principalement personnifiée par l'Alsacien Valentin Bousch, disciple de Michel-Ange, qui mourut en 1541, à Metz, où il avait exécuté depuis 1521 d'immenses travaux. Les verrières des églises Sainte-Barbe, Saint-Nicolas du Port, Autrey, Flavigny-sur-Moselle, sont dues à la même école, où se forma d'ailleurs Israël Henriet, qui devint le chef d'une école exclusivement lorraine, quand Charles III eut appelé les arts autour du trône ducal. Thierry Alix, dans une *Description inédite de la Lorraine*, écrite en 1590, parle de *larges tables en verre de toutes couleurs*, qui de son temps se fabriquaient dans les montagnes des Vosges, où l'on trouvait *les herbes et autres choses nécessaires à la peinture*. Les vitraux sortis des ateliers vosgiens, et envoyés sur tous les points de l'Europe, constituaient une branche commerciale fort active.

L'art déclinait néanmoins, l'art chrétien surtout disparaissait.

En effet, si l'on admire dans les vitraux de la Renaissance l'esprit ingénieux et la beauté des compositions, la perfection du dessin et du modèle, la justesse et la finesse de l'expression des figures, à tel point que le degré d'excellence de l'art français nous est mieux connu à cette époque par les vitraux que par les trop rares tableaux qui nous en restent, il semble que toutes ces qualités n'aient été acquises qu'au prix de l'unité dans l'ensemble, qu'au préjudice de la solidité et des soins dans la fabrication matérielle.

Dès lors le verre est plus mince, les plombs sont plus faibles, les ferrements moins bien combinés. Toutes ces négligences ont eu pour résultat de faire qu'aujourd'hui les vitraux du seizième siècle, ayant opposé moins de résistance au temps et aux diverses chances de destruction que ceux qui les ont précédés de deux ou trois cents ans, sont, par rapport à ceux-ci, plus rares et en général plus détériorés.

CORPORATIONS DES MÉTIERS.

Origine incertaine des corporations. — Les collèges romains. — La guilde. — Les hanses. — La compagnie de la marchandise de l'eau à Paris. — Corporations proprement dites. — Le *Livre des Métiers* d'Étienne Boileau. — Statuts des métiers. — Les Six Corps. — Esprit des corporations. — Maîtres, compagnons, aspirants, apprentis. — Compagnonnage.

Les savants ont beaucoup discuté, sans réussir à se mettre d'accord, sur l'origine des corporations du moyen âge. Plus simple et plus rationnel eût été, selon nous, d'admettre, à priori, que les associations d'artisans doivent être aussi anciennes que les arts eux-mêmes.

Ayant à faire valoir et à défendre des droits et des intérêts communs, les membres, toujours fort nombreux, des classes laborieuses ont dû chercher à établir entre eux des liens de solidarité fraternelle. Si loin qu'on fouille dans l'histoire de l'antiquité, les associations de ce genre laissent entrevoir leurs traces plus ou moins apparentes ; mais pour ne citer que deux exemples, qui peuvent servir, en quelque sorte, de base historique aux institutions analogues des âges modernes, nous mentionnerons les *collèges* romains, qui constituaient une véritable ligue des artisans exerçant la même profession, et les *guildes* scandinaves, qui avaient pour but d'assurer les bénéfices d'une mutualité semblable aux diverses branches d'industrie ou de négoce d'une cité ou d'une région déterminée.

Depuis l'instant où l'Europe, longtemps soumise et divisée en provinces romaines, échappe au gouvernement de Rome, sans se soustraire à ses lois et à ses usages, les confréries ouvrières ne cessèrent jamais d'exister. Les rares vestiges qu'on en trouve ne permettent pas, il est vrai, de croire à leur état florissant, mais ils attestent au moins leur vitalité, leur persistance.

Au cinquième siècle, l'histoire de l'ermite Ampélius, dans la *Légende des saints,* mentionne des consuls ou chefs des serruriers. La corporation des orfèvres se montre déjà sous la première race de nos rois. Les boulangers sont nommés collectivement, en 630, dans les ordonnances de Dagobert, ce qui semble indiquer qu'ils formaient un corps de métier dès cette époque reculée, et nous voyons aussi Charlemagne, dans plusieurs capitulaires, prendre des mesures pour que le nombre de ces artisans soit partout conforme aux besoins de la consommation, ce qui suppose une organisation générale de cette industrie de première nécessité. En Lombardie apparaissent aussi de bonne heure des collèges d'artisans, qui n'étaient sans doute qu'une imitation des collèges romains. Ravenne nous présente, en 943, un collège de pêcheurs; dix ans après, les annales de cette ville citent un chef de la corporation des négociants; en 1001, un chef de la corporation des bouchers.

Selon Augustin Thierry, la corporation naquit, de même que la commune urbaine, d'une application de la guilde à quelque chose de préexistant, aux corporations ou collèges d'ouvriers, qui étaient d'origine romaine.

« Dans l'ancienne Scandinavie, » dit le savant historien, « ceux qui se réunissaient aux époques solennelles pour sacrifier ensemble terminaient la cérémonie par un festin religieux. Assis autour du feu et de la chaudière du sacrifice, ils buvaient à la ronde et vidaient successivement trois cornes remplis de bière, l'une pour les dieux, l'autre pour les braves du vieux temps, la troisième pour les parents et les amis dont les tombes, marquées par des monticules de gazon, se voyaient çà et là dans la plaine; on appelait celle-ci *la coupe de l'amitié*. Le nom d'*amitié* se donnait aussi quelquefois à la réunion de ceux qui offraient en commun le sacrifice, et d'ordinaire cette réunion était appelée *guilda* (ghild), c'est-à-dire *banquet à frais communs,* mot qui signifiait aussi association ou confrérie, parce que tous les co-sacrifiants promettaient, par serment, de se défendre l'un et l'autre, et de s'entr'aider comme des frères.

« Cette promesse de secours et d'appui comprenait tous les périls, tous les grands accidents de la vie; il y avait assurance mutuelle contre les voies de fait et les injures, contre l'incendie et le naufrage, et aussi contre les poursuites légales encourues pour des crimes et des délits, même avérés. Chacune de ces associations était mise sous la protection d'un dieu ou d'un héros, dont le nom servait à la désigner; chacune avait des chefs pris dans son sein, un trésor commun, alimenté par des contributions annuelles, et des statuts obligatoires pour tous ses membres; elle formait ainsi une société à part au milieu de la nation ou de la tribu. La société de la guilde ne se bornait pas à un territoire déterminé; elle était sans limites d'aucun genre, elle se propageait au loin et réunissait toute espèce de personnes, depuis le prince et le noble jusqu'au laboureur et à l'artisan libre. C'était une sorte de communion païenne qui entretenait, par de grossiers symboles et par la foi du serment, des liens de charité réciproque entre les associés, charité exclusive, hostile même à l'égard de tous ceux qui, restés en dehors de l'association, ne pouvaient prendre les titres de *convive, conjuré, frère du banquet.*

« Soit que cette pratique d'une grande énergie fût particulière à la religion d'Odin, soit qu'elle appartînt à l'ancien culte des populations tudesques, il est hors de doute qu'elle exista non seulement dans la péninsule scandinave, mais encore dans les pays germaniques. Partout, dans leurs émigrations, les Germains la portèrent avec eux; ils la conservèrent même après leur conversion au christianisme, en substituant l'invocation des saints à celle des dieux et des héros, et en joignant certaines œuvres pies aux intérêts positifs qui étaient l'objet de ce genre d'association. »

De là naquirent les confréries du moyen âge, qui peu à peu se restreignirent aux gens de même métier. Chez les Anglo-Saxons et les nations du Nord, la guilde chrétienne continua de fleurir, protégée par les rois. En Gaule, ce fut autre chose : deux races d'hommes y étaient en présence, l'une victorieuse, l'autre vaincue; constitutions et mœurs s'y repoussaient mutuellement, et par la grande diversité d'origine et de condition, les guildes « ne furent, à ce qu'il semble, que des moyens de désordre, de violence et de rébellion ».

Avec Charlemagne, c'est-à-dire dès qu'un pouvoir fort et jaloux de ses prérogatives eut remplacé l'anarchie des derniers mérovingiens, commença la prohibition des guildes : plusieurs capitulaires les interdirent absolument, et l'Église s'empressa de s'associer à ces défenses. Un synode tenu en 1189, à Rouen, renouvela les siennes en ces termes : « Il y a des clercs et des laïques qui forment des associations pour se secourir mutuellement dans toute espèce d'affaires, et en particulier dans leur négoce, portant une peine contre ceux qui s'opposent à leurs statuts. La sainte Écriture a en horreur de pareilles associations ou confréries, parce qu'en les observant on est exposé à se parjurer. En conséquence, nous défendons, sous peine d'excommunication, qu'on asse des unions semblables ou qu'on observe celles qui auraient été faites. » Mais, dans les temps féodaux où la loi ne protégeait pas l'individu, force lui était bien de demander à l'association le moyen de défendre ses droits, ses intérêts, sa vie même. Malgré les obstacles, les guildes continuèrent d'exister : elles préparèrent,

Fig. 156. — Gens de métier, miniature d'un manuscrit. xive siècle.

d'une façon générale, l'affranchissement des communes, et formèrent, à un point de vue restreint, le noyau des communautés de métiers.

Il y a donc tout lieu de se ranger à l'opinion du célèbre historien cité plus haut, qui veut que, pour la création des corporations, la guilde ait été, en quelque sorte, l'esprit, le moteur, et le collège romain avec son organisation professionnelle, la matière qu'il s'agissait de féconder.

Toujours est-il que les corporations s'étaient dissoutes ou effacées pendant quelques siècles; elles disparurent absolument dans cette espèce de retour à la vie barbare, où la fabrication des objets d'utilité journalière, comme la préparation des substances alimentaires, était abandonnée à des esclaves et exécutée sous l'œil et dans la maison du maître. Vers le douzième siècle seulement, elles commencèrent à reprendre un peu de leur éclat, et ce fut l'Italie qui donna le signal du réveil de ces institutions, que Rome avait vues naître et que la barbarie avait fait tomber en décadence. De bonne heure aussi, les confréries d'artisans se formèrent dans le nord de la Gaule, d'où elles se répandirent rapidement au delà du Rhin.

Sous l'empereur Henri Ier (dixième siècle), la condition ordinaire des artisans en Allemagne était encore le servage; mais deux siècles plus tard la plupart des métiers s'y trouvaient déjà groupés en collège ou corps, sous le nom d'*Einnungen* ou *Innungen* (unions) (fig. 156), dans un grand nombre de villes de l'empire; on en voit à Gozlar, à Wurtzbourg, à Brunswick, etc. Toutefois, ces collèges ne se constituèrent pas sans efforts et sans luttes. Comme ils élevaient leurs prétentions jusqu'à vouloir se substituer à l'ordre sénatorial, et comme ils cherchaient à s'emparer du gouvernement des cités, ils rencontrèrent, de la part des pouvoirs établis, une énergique résistance. Le treizième siècle fut témoin de combats acharnés et sanglants, où les deux partis, tour à tour vaincus et vainqueurs, se portaient l'un contre l'autre à de cruelles représailles, et ne parvenaient à dominer alternativement que par l'emploi de la force et de la violence. Les empereurs Frédéric II et Henri VII tentèrent de mettre un terme à ces sanglants débats, en abolissant les corporations d'ouvriers; mais ces associations, déjà vigoureuses, osèrent tenir tête à la puissance impériale.

En France, au contraire, l'organisation des communautés d'artisans, organisation qui se rattache par plus d'un point au mou-

Fig. 157. — Marchands. Miniature d'un manuscrit. xive siècle.

vement communal, ne souleva aucun orage politique; elle ne semble même pas avoir rencontré d'opposition de la part du pouvoir féodal, qui y trouvait une source abondante de prestations et d'impôts, en laissant le travail dans une sorte de servitude et d'infériorité.

La plus ancienne de ces corporations est la *Hanse* parisienne, ou Compagnie des bourgeois de la marchandise de l'eau, qui remonte probablement au collège des *nautes* parisiens, antérieur à la conquête des Romains. Cette association marchande avait son siège dans l'île de Lutèce ou de la Cité, à l'endroit même où fut bâtie l'église de Notre-Dame. Dès les premiers temps de la monarchie, les marchands composaient à eux seuls la bourgeoisie des villes (fig. 157). Au-dessus d'eux étaient la noblesse et le clergé; au-dessous, les artisans, formant le menu peuple. On s'explique donc que cette bourgeoisie, qui, aux douzième et treizième siècles, pouvait être encore considérée comme une compagnie commerciale particulière, ait fini par devenir le corps commercial lui-même. Les rois, d'ailleurs, la traitèrent avec une constante faveur : Louis VI lui concéda en 1121 de nouveaux droits, Louis VII confirma en 1170 ses privilèges en reconnaissant qu'ils étaient fort anciens, Philippe-Auguste les augmenta.

La hanse parisienne était parvenue à être maîtresse souveraine de tout le commerce qui se faisait par eau sur la Seine et l'Yonne entre Mantes et Auxerre. Aucune marchandise, arrivant d'amont ou d'aval sur bateaux, ne pouvait être débarquée dans l'intérieur de Paris sans devenir, en quelque sorte, la *chose* propre de la corporation, qui, par l'intermédiaire de ses délégués, en surveillait le mesurage, la vente en gros et jusqu'à un certain point le débit en détail. Tout marchand étranger, ou plutôt tout bourgeois établi ailleurs qu'à Paris, devait déclarer, aux limites du départ de la hanse, son intention de vendre ce qu'il apportait, et on lui désignait un marchand de la ville pour être son *compagnon*. Ce dernier, après avoir pris connaissance du prix réel de la cargaison, avait le droit d'en prélever la moitié, ou, s'il consentait à la vente, de partager le bénéfice avec le propriétaire. « Si le marchand de la Basse-Seine osait passer outre au port de Mantes pour s'approcher de Paris, » ajoute M. Depping, qui nous sert de guide en ces matières, « ou si seulement un marchand étranger faisait embarquer au-dessous de Paris des denrées, pour les faire transporter vers l'embouchure du fleuve, sans hanse et

Fig. 158. — Sceau des corps de métiers réunis de la ville de Gand.
(Deuxième moitié du xve siècle.)

sans compagnie française, il était censé avoir enfreint les us et coutumes des marchands de l'eau de Paris; on saisissait la cargaison de son bateau, » et elle était dite *forfaite*, ou confisquée au profit du roi et de la corporation.

Ce monopole, étendu par les rois, était une source de gros bénéfices pour les Parisiens, qui s'enrichissaient de la peine des autres sans aucune avance de fonds. Au reste, on retrouvait des associations du même genre dans la plupart des villes commerçantes situées sur le cours des fleuves ou aux abords de la mer : à Rouen, à Arles, à Marseille, à Narbonne, à Toulouse, à Ratisbonne, à Augsbourg, à Utrecht.

Quelquefois des cités voisines, comme les grandes cités industrielles de Flandre (fig. 158), s'entendaient ensemble et se liaient par un pacte fédératif, pour former une ligue plus puissante, qui avait souvent le caractère politique d'une alliance offensive et défensive. Le type de cette dernière institution est représenté par l'association commerciale des *villes hanséatiques* d'Allemagne, groupées au nombre de 80 autour de leurs capitales : Lubeck, Cologne, Dantzick et Brunswick.

Ce que la bourgeoisie parisienne pratiquait en grand, elle en trouvait l'exemple répété de toutes parts. Avant de pouvoir arriver de la Bourgogne jusqu'à la mer, une cargaison était mise à contribution par une dizaine de seigneurs et de communes bourgeoises, tous empressés à exiger le droit de passage. Ces monopoles opposés donnèrent lieu à de longs procès, dans lesquels la hanse parisienne eut toujours l'avantage; elle força, avec l'appui du roi, le comte d'Auxerre à se soumettre, et vint à bout, en 1450, des résistances de Rouen, après trois siècles de luttes. Telle était la rigueur de sa police, qu'elle saisit du vin expédié par un prélat d'Auxerre à son hôtel de Paris, et refusa de le restituer, contrairement à l'arrêt du parlement.

« Il n'y avait alors que la Seine et ses affluents qui permissent aux Parisiens de tirer aisément du dehors les denrées dont ils avaient besoin ou d'y envoyer celles qu'ils avaient de trop. Le commerce fluvial resta donc pendant longtemps la branche la plus importante du commerce parisien, et il n'est pas étonnant que le corps des marchands de l'eau fût considéré comme la communauté marchande tout entière. » Cette puissante association

Fig. 159. — Sceau de la corporation des foulons de Saint-Trond (Belgique), vers 1350.

Fig. 160. — Sceau de la corporation des menuisiers de Bruges (1356).

Fig. 161. — Sceau de la corporation des tondeurs de drap de Bruges (1356).

Fig. 162. — Sceau de la corporation des tisseurs de laine de Hasselt (Belgique). XVIe s.

se maintint jusqu'à Louis XIV; un édit de 1672 la supprima dans ses droits et privilèges, « sans privilège du droit de hanse, » impôt qui fit retour au roi et dont était frappée toute marchandise arrivant par eau dans la capitale.

Bien que nous ayons déjà vu, antérieurement au treizième

siècle, plusieurs corporations d'artisans, autorisées ou pourvues de règlements spéciaux, par quelques rois de France, ce n'est réellement que du règne de Louis IX que date la première mesure générale d'administration et de police, relative à ces communautés. Le roi nomma, en 1258, prévôt de la capitale Étienne Boileau, riche bourgeois, qui justifia à tel point cette marque de confiance, que son souverain venait quelquefois s'asseoir à ses côtés lorsqu'il rendait la justice au Châtelet. Bientôt après, Boileau entreprit de réunir en une espèce de code les coutumes des artisans de la ville.

A cet effet, il recueillit, d'après le témoignage verbal des anciens de chaque corporation, les usages et coutumes des divers métiers, lesquels, pour la plupart sans doute, n'avaient jamais été écrits : il les coordonna, les améliora probablement en beaucoup de parties, et composa ainsi le célèbre *Livre des Mestiers,* qui, comme le dit M. Depping, le savant éditeur de ce précieux recueil, publié pour la première fois en 1837, « a l'avantage d'être en grande partie l'ouvrage naïf et sincère des corporations elles-mêmes, et non une suite de règlements établis et formulés par les autorités municipales ou judiciaires. » Dans le préambule de ce livre, Boileau indique le principal motif qui l'a déterminé à le rédiger : « Pour ce que, » dit-il, « nous avons veu à Paris en nostre tans mout de plais (beaucoup de procès), de contens (contestations) par la delloial envie qui est mère de plais et deffrenée convoitise qui gaste soi-meime, et par le non sens as jones et as poisachans (aux jeunes et aux ignorants), entre les estranges (étrangers) gens et ceux de la ville, qui aucun mestier usent et hantent..., nostre intention est à esclairer au mius (mieux) que nous pourrons tous les mestiers de Paris, leur ordonance, la manière des entrepresures (contraventions) et leurs amendes. »

Dès lors les corporations continuèrent à s'introduire peu à peu dans l'ordre des faits sociaux. Les confirmations royales se multiplient en leur faveur, et la réglementation des professions *mécaniques* fait chaque jour de nouveaux progrès, non seulement à Paris et dans les provinces françaises, mais encore à l'étranger, au midi comme au nord, en Italie, en Allemagne, en Angleterre et dans les Pays-Bas (fig. 159 à 164).

Fig. 163. — Méreau ou Jeton des charpentiers parisiens (1556).

Fig. 164. — Méreau ou Jeton des tailleurs-maçons parisiens.

Le *Livre des Mestiers* d'Étienne Boileau contient les statuts de cent corps d'état différents, et l'on remarquera que plusieurs des professions les plus importantes, telles que celles des bouchers, des tanneurs, des épiciers, des vitriers, etc., n'y figurent pas encore, soit qu'elles eussent négligé de se faire inscrire au Châtelet, où se faisait l'enquête dirigée par Étienne Boileau, soit qu'un intérêt quelconque les eût déterminées à se soustraire à cet enregistrement, qui leur imposait sans doute des redevances et des servitudes. Les successeurs de ce grand magistrat dans la prévôté, qui après sa retraite, en 1270, devint annuelle, suivirent son exemple, en enregistrant les règlements des communautés qui n'avaient pas encore de statuts légaux ou qui voulaient améliorer les leurs.

Le nombre des corporations s'accrut sans cesse et finit par se multiplier d'une manière tout à fait exagérée sous les règnes des

Fig. 165. — Le chapelier, dessiné et gravé, au xvie siècle, par J. Amman.

Valois et du premier Bourbon (fig. 165 à 168). C'est ainsi que l'historien Henri Sauval, au milieu du dix-septième siècle, n'en comptait pas moins de *mille cinq cent cinquante-une*, dans la capitale seulement. Il est bon de faire observer, toutefois, qu'elles étaient fort subdivisées, par ce seul fait que certain métier ne constituait souvent que la pratique d'un travail spécial. Ainsi, dans le livre d'Étienne Boileau, on trouve quatre corporations différentes de *patenôtriers,* ou faiseurs de chapelets ; six de chapeliers ; six de tisserands, etc.

Au-dessus des communautés d'artisans, il y avait, du moins à Paris, quelques corporations privilégiées, qui s'entouraient d'une plus haute considération et désignées sous le nom de *Corps des marchands.* Leur nombre, après avoir maintes fois varié, resta

Fig. 166. — L'épicier-droguiste, dessiné et gravé, au seizième siècle, par J. Amman.

fixé à six, qu'on nommait collectivement les *six corps*, savoir : les drapiers, qui eurent toujours la prééminence sur les cinq autres ; les orfèvres, qui la disputèrent longtemps et qui, ne pouvant tomber d'accord sur ce point délicat de préséance, s'en rapportèrent à la décision du sort ; les épiciers, les merciers, les pelletiers et les bonnetiers.

A part la prérogative que les six corps de marchands avaient alors d'être exclusivement appelés à figurer, à leurs frais, dans le cortège de ville (fig. 169), aux cérémonies publiques, et de porter le dais au-dessus de la tête du roi, de la reine et des princes lors de leur entrée solennelle dans la capitale, on ne saurait préciser le caractère des privilèges qui leur étaient attribués et dont ils se

Fig. 167. — L'épinglier-aiguillier, dessiné et gravé, au seizième siècle, par J. Amman.

montraient si jaloux. Il est seulement de toute évidence que ces six corps, imbus d'une sorte d'esprit aristocratique qui leur faisait mettre le négoce bien au-dessus de l'industrie manuelle, tenaient à grand honneur, selon les idées généralement reçues, leurs titre et qualité de marchand. Ainsi, les historiens contemporains nous apprennent, par exemple, que le marchand qui compromettait la dignité de la compagnie « tombait dans la classe du moyen peuple »; que les merciers se vantaient d'avoir exclu de leur corps les tapissiers, « qui n'étaient que des artisans »; que les bonnetiers, admis au dix-septième siècle à remplacer dans les six corps les changeurs, devinrent, par le fait même, « marchands, d'artisans qu'ils avaient été jusque-là ».

Malgré les statuts minutieusement rédigés ou revisés par

Fig. 168. — L'éperonnier, dessiné et gravé, au seizième siècle, par J. Amman.

Étienne Boileau et ses successeurs, malgré les nombreux règlements d'attributions que les souverains, les magistrats et les corporations elles-mêmes ne cessaient d'élaborer, il s'en fallait de beaucoup que l'ordre et l'unité régnassent dans le commerce et l'industrie de Paris, pendant le moyen âge; et ce qui se passait à Paris se reproduisait ailleurs. Les luttes étaient vives, les réalités acharnées entre les pouvoirs divers, entre les juridictions comme entre les justiciables, entre les métiers différents que rapprochait cependant l'analogie de leurs travaux.

A plusieurs reprises, la royauté essaya de corriger les abus d'un monopole funeste à l'intérêt public aussi bien qu'à l'industrie elle-même. Philippe le Bel supprima les longs services et les rétributions auxquelles les maîtres assujétissaient les apprentis; il permit à tous les bourgeois de faire du pain, et maintint aux artisans forains le droit d'apporter leurs marchandises à Paris. En 1358, Charles V, alors régent, annonça l'intention de modifier les règlements, qui, « en greigneur (majeure) partie, disait-il, sont fais plus en faveur et prouffit des personnes de chascun mestier que pour le bien commun ». En conséquence, il voulait que tous ceux qui savaient travailler pussent le faire à Paris. Les corporations résistèrent, et continuèrent durant des siècles à user de leurs antiques privilèges au détriment du bien-être général.

D'ailleurs, à ce sujet, comme pour beaucoup d'autres, l'anarchie émanait souvent des pouvoirs. Ainsi, à l'époque où Philippe-Auguste recula les limites de la capitale, le nouveau mur d'enceinte enferma des bourgs jusqu'alors séparés de la cité et placés sous la domination féodale de seigneurs laïques ou religieux, qui, naturellement, prétendirent garder tous leurs droits; le roi de France fut obligé de reconnaître la légitimité de leurs réclamations; en sorte qu'il y eut dans ces bourgs (Bourg-l'Abbé, Beau-Bourg, Saint-Germain l'Auxerrois, etc.), des communautés d'arts et métiers entièrement distinctes et indépendantes de celles de l'ancien Paris.

C'était une conséquence du régime féodal : le seigneur de la terre était regardé, en quelque sorte, comme le maître des métiers, et il octroyait, moyennant une redevance annuelle, le droit de l'exercer sur sa terre. « Ainsi faisait le roi à Paris, dans les quartiers où il n'y avait point de justice seigneuriale, » rapporte M. Depping. « Pour un certain nombre de métiers, cette vente était un des revenus, et, selon l'usage d'alors, il l'aliénait à volonté en le cédant à des gens de cour ou à des personnes qu'il voulait favoriser : il leur faisait don du métier, c'est-à-dire il les

Fig. 169. — Groupes d'orfèvres précédant la châsse de saint-Marcel (règne de Louis XIII). D'après une gravure du temps.

préposait aux artisans qui le pratiquaient; il les leur abandonnait comme une source de revenu perpétuel. »

En outre, la plupart des grands officiers de la couronne, comme délégués de l'autorité royale, se disputaient le droit, toujours productif, d'autoriser, surveiller, protéger, juger, punir, et surtout rançonner les artisans des diverses professions. Le roi leur accordait la faculté de disposer arbitrairement, à leur profit, des maîtrises dans chaque corps d'état, et leur donnait par là pleine juridiction sur tous les marchands ou gens de métier qui avaient rapport à leurs propres offices, et ce non seulement à Paris, mais parfois dans toute l'étendue du royaume. Le grand chambrier, par exemple, avait juridiction sur les drapiers, merciers, pelletiers, cordonniers, tailleurs et autres marchands de meubles ou de vêtements; les barbiers dépendaient du valet de chambre barbier du roi; le grand panetier présidait au commerce de la boulangerie; du grand bouteiller relevaient les marchands de vin; les forgerons ou charrons étaient soumis au grand maréchal, etc.

Ces officiers royaux délivraient aux artisans les brevets de maîtrise, c'est-à-dire la permission d'exercer tel ou tel métier, avec des aides ou compagnons, en exigeant pour ce simple fait une redevance onéreuse et parfois considérable. Et comme ils entendaient toucher les bénéfices attachés à leur charge, sans avoir à s'embarrasser des rapports directs avec leurs humbles titulaires, ils nommaient ordinairement des lieutenants, chargés de les suppléer et de recueillir en leur nom les sommes qui leur étaient dues pour droits de maîtrise dans les principales villes du royaume. Les plus célèbres de ces lieutenants furent les *rois des merciers*, qui vivaient grassement dans l'oisiveté, entourés d'une espèce de cour marchande, qui resplendissait de tout son éclat dans les fêtes de métiers.

Les grands officiers de la couronne exerçaient, uniquement en vue de leur propre intérêt, une véritable juridiction de police sur les métiers; ils jugeaient les différends survenus entre maîtres et ouvriers, punissaient les querelles, faisaient, soit par eux-mêmes, soit par leurs lieutenants, des visites domiciliaires chez les marchands, afin de découvrir les fraudes ou de constater les infractions aux règlements, en frappant des amendes, en prélevant des

Fig. 170. — Bannière de la corporation des cordonniers et savetiers d'Issoudun.

droits pour leurs vacations. Notons que les titulaires des charges de cour avaient toujours à lutter, pour le libre exercice de leur juridiction sur les métiers, contre le prévôt de Paris, qui voyait dans leurs actes de suprématie et de bon plaisir un empiètement sur ses attributions personnelles, et qui s'efforçait de leur résister en toute occasion. Si, par exemple, le grand panetier faisait enfermer un boulanger à la prison du Châtelet, le grand prévôt, comme administrateur de cette prison, le mettait aussitôt en liberté : en revanche, le grand prévôt punissait-il un artisan du même métier, le grand panetier se portait appelant dans la cause de son subordonné; d'autres fois, les artisans, mécontents du lieutenant nommé par le grand officier de la couronne, qui les tenait sous sa dépendance, refusaient de reconnaître son autorité, etc.; de là, des contestations, des procès interminables.

On comprend tous les désordres qui devaient naître d'un pareil état de choses. Peu à peu cependant, et par suite des tendances nouvelles de la royauté, qui ne désirait que l'amoindrissement de l'influence féodale, les juridictions multiples afférentes aux corps de métiers rentrèrent sous la main de la prévôté municipale.

Après avoir examiné les corporations dans leur ensemble, occupons-nous de rechercher quelle était leur organisation intérieure. Ce fut après de longues et pénibles vicissitudes que ces associations ouvrières parvinrent à se faire une sorte de condition régulière et stable, sans jamais réussir d'ailleurs à s'organiser toutes avec les mêmes privilèges, sur les mêmes bases et sur le même modèle. Aussi, en indiquant les caractères dominants de ces institutions, si différentes les unes des autres, devons-nous faire, pour ainsi dire, nos réserves sur les nombreuses exceptions ou variétés, qu'il nous serait impossible de signaler dans ce rapide aperçu.

Au quatorzième siècle, époque où les communautés de métiers étaient à l'apogée de leur développement et de leur puissance, nulle association d'artisans ne pouvait avoir d'existence légale sans une concession du roi, ou du seigneur de la terre sur laquelle s'établissait l'association, prince, abbé, bailli ou maire.

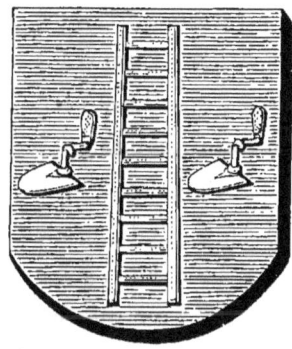

Fig. 171. — Bannière des couvreurs de Paris aux armes parlantes de la corporation.

Fig. 172. — Bannière des cloutiers de Paris aux armes parlantes de la corporation.

Fig. 173. — Bannière des tanneurs de Vic à l'effigie du saint patron de la corporation.

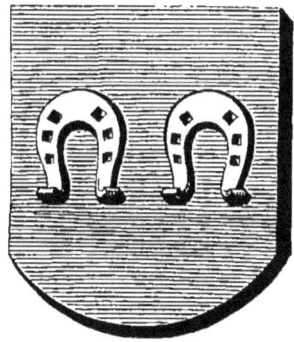

Fig. 174. — Bannière des maréchaux de Saint-Lô.

Ces communautés avaient leurs privilèges et statuts; elles se distinguaient par leurs *livrées* ou costume particulier, comme par leurs armoiries et bannières (fig. 170 à 174), dans les solennités publiques. Elles possédaient le droit de discuter librement leurs intérêts généraux et de modifier elles-mêmes leurs statuts (sauf confirmation royale ou approbation de l'autorité supérieure), dans des assemblées composées de tous leurs membres. Ces assemblées, toutefois, auxquelles assistaient, de droit, des délégués royaux, ne pouvaient se réunir sans avoir une autorisation préalable. D'ordinaire, pour rendre plus faciles les rapports des membres de la société entre eux, ainsi que tout ce qui concernait la surveillance du métier, les artisans d'une même profession habitaient le même quartier, sinon la même rue. Le nom de beaucoup de voies publiques, à Paris (rues des Fourreurs, de la Coutellerie, des Maçons; quais de la Mégisserie, des Orfèvres) et dans d'autres villes de France, témoigne de cet usage général, qui existe encore, du moins en partie, dans quelques vieilles métropoles de l'Allemagne et de l'Italie.

Les communautés d'artisans affectaient collectivement, en quelque sorte, le caractère de personnes civiles : elles avaient la faculté de posséder, d'administrer leurs biens, de soutenir ou d'intenter par procureur des actions en justice, d'accepter des héritages, etc. Elles disposaient donc, pour leurs besoins, d'une caisse commune, qui s'alimentait au moyen des legs, des donations, des amendes et des cotisations périodiques.

Ces communautés exerçaient, par l'entremise de leurs jurés et de leur bureau, une juridiction de police et même, dans une certaine limite et en certaines circonstances, criminelle, sur tous leurs membres : elles luttèrent longtemps, pour agrandir cette juridiction ou la conserver intacte, contre le pouvoir municipal et contre les cours souveraines, qui réduisaient leurs droits à une autorité de simple police, rigoureusement restreinte aux personnes et aux choses du métier. Elles constataient les contraventions, intervenaient dans les discussions de maître à ouvrier, dans les querelles où les parties avaient eu recours à la violence. Les fonctions de cette espèce de magistrature de famille étaient exercées par des officiers, désignés sous les divers noms de *rois, maîtres,*

Fig. 175. — Costumes de cérémonie du doyen et d'un juré de la corporation des Vieux cordonniers de Gand, d'après un manuscrit du xvi° siècle.

doyens, gardes, syndics, jurés, lesquels étaient, en outre, chargés personnellement de visiter à toute heure les ateliers et les *ouvroirs* ou boutiques, pour constater l'observation des règlements statutaires concernant les travaux de l'association, enfin de procéder à l'examen des apprentis ainsi qu'à la réception des maîtres (fig. 175).

Les jurés ou syndics (noms qu'ils portaient le plus souvent), dont le nombre variait suivant l'importance de la corporation, étaient assez généralement élus, à la majorité des voix, par leurs confrères; quelquefois, cependant, le choix de ces syndics dépendait exclusivement des mêmes grands officiers royaux que nous avons vus, à l'origine des corporations, exercer sur elles une domination absolue en vertu des principes du droit féodal. Il n'était pas rare que les femmes figurassent parmi les dignitaires des arts et métiers, et les sièges du tribunal professionnel qui décidait de toutes les questions relatives à la communauté et à ses membres, étaient souvent occupés par un nombre égal de maîtres et de compagnons.

L'esprit de caste, jaloux, exclusif, inflexible, qu'on voit se manifester sans cause et partout au moyen âge, formait un des principaux caractères des associations industrielles. L'admission des nouveaux membres d'un métier était entourée de conditions essentiellement propres à restreindre le nombre des associés et à décourager les aspirants. Les fils de maître jouissaient seuls des privilèges héréditaires, qui leur permettaient toujours d'être admis sans passer sous le joug tyrannique de l'association.

D'ordinaire, les membres d'une corporation étaient divisés en trois classes distinctes : les maîtres, les valets gagnants ou compagnons, et les apprentis. L'apprentissage, dont les fils du maître étaient souvent dispensés, commençait entre douze et dix-sept ans, et devait avoir une durée qui variait de deux à dix années. Dans la plupart des métiers, le maître ne pouvait recevoir chez lui, outre son propre fils, qu'un seul apprenti ; les tanneurs, les teinturiers, les orfèvres, étaient pourtant autorisés à s'adjoindre, en outre, un de leurs parents, ou un second apprenti, s'ils n'avaient point de parent qui voulût apprendre leur métier. Bien que dans quelques autres professions plus usuelles, comme dans la boucherie et la boulangerie, le nombre des apprentis fût à peu près illimité, la coutume avait fait une sorte de loi générale de la mesure restrictive qui avait pour but de ne pas multiplier au delà des besoins les ouvriers et les maîtres.

Fig. 176. — Apprenti cordonnier-bottier, travaillant au chef-d'œuvre. D'après un vitrail du xiiie siècle.

La qualité de valet gagnant ou compagnon constituait, pour beaucoup de métiers, sinon pour tous, un degré auquel il fallait s'arrêter quelque temps avant de devenir maître.

Lorsque l'apprenti ou le compagnon sollicitait la maîtrise, l'un et l'autre prenaient le titre d'*aspirants,* et dès lors ils se trouvaient soumis à des examens successifs. Ils devaient surtout prouver leur aptitude en exécutant ce qu'on appelait le *chef-d'œuvre,* lequel consistait ordinairement dans la fabrication parfaite et irréprochable de divers produits du métier qu'ils se proposaient d'exercer. L'exécution du *chef-d'œuvre* donnait lieu à maintes formalités techniques parfois très minutieuses. Pendant son travail, qui durait souvent plusieurs mois, l'aspirant, de qui l'on exigeait en certains cas une sorte d'universalité de connaissances (le barbier, par exemple, devait savoir forger et fourbir des lancettes; le tisserand en laine, construire et ajuster les différentes pièces du métier à tisser, etc.), travaillait seul, privé de toutes communications, au siège même de sa communauté, qu'on appelait *le Bureau*, sous les yeux des jurés ou syndics, qui prononçaient solennellement, parfois après un vif débat, sur le mérite de l'œuvre et sur la capacité de l'ouvrier (fig. 176 et 177).

La réception prononcée, l'aspirant devait d'abord prêter serment au roi, devant le prévôt ou le lieutenant civil, quoiqu'il eût déjà prêté ce serment en commençant son apprentissage, et payer ensuite une taxe, partagée entre le souverain ou le seigneur et la confrérie, taxe sur laquelle les fils de maître obtenaient toujours une forte remise. Souvent aussi, les filles de maître affranchissaient leurs maris, en les exemptant de payer le droit de maîtrise. Quelques maîtres, tels que les orfèvres, les tondeurs de drap, avaient à fournir un cautionnement, qui restait dans la caisse du métier pendant toute la durée de leur exercice. Moyennant ces prescriptions, ces épreuves, ces impôts, les gens de métier acquéraient le privilège exclusif d'exercer librement leur profession; et toutefois, car l'arbitraire était alors entré dans les mœurs, les rois à leur avènement, les princes et les princesses de sang royal à l'époque de leur mariage, et dans certaines villes l'évêque à son installation, avaient le droit de créer dans chaque métier une ou plusieurs maîtrises et de nouveaux maîtres, à qui ce titre était conféré sans qu'ils eussent à faire ni apprentissage ni chef-d'œuvre.

Les veufs et les veuves pouvaient continuer le métier, quand l'époux mort était celui-là même du chef de qui procédait la maîtrise, laquelle devenait dès lors l'héritage du survivant, à la con-

Fig. 177. — Escalier de la maison ou bureau des orfèvres de Rouen. xve s. L'écusson que tient le lion avec sa patte renferme les armoiries des orfèvres de Rouen (état actuel).

dition expresse de ne pas contracter un second mariage avec une personne étrangère au métier. Tels maîtres perdaient le droit de maîtrise le jour où ils travaillaient chez un autre maître comme valets gagnants; telles maîtrises aussi n'étaient valables que pour la ville où elles avaient été obtenues. Dans plus d'un métier, lorsqu'une famille en possession de la maîtrise venait à s'éteindre, ses établissements et outils faisaient retour à la corporation, moyennant une indemnité aux héritiers collatéraux.

Parfois, et notamment dans quelques professions où les aspirants n'étaient pas soumis à l'exécution du chef-d'œuvre, la réception des maîtres était accompagnée de cérémonies singulières, qui avaient eu sans doute à l'origine un sens symbolique, mais qui ne pouvaient plus que sembler étranges et même ridicules depuis qu'on en avait perdu la véritable signification. Ainsi, chez les boulangers, après quatre ans d'exercice, le récipiendaire, ayant *acheté le métier du roi,* sortait de la maison escorté de tous les boulangers de la ville, portant un pot neuf rempli de noix et de *nieules* (oublies). Arrivé devant le chef de la corporation : « Maître, lui disait-il, j'ai accompli mes quatre années : voici mon pot rempli de noix et de nieules. » Les assistants ayant affirmé la véracité de cette déclaration, l'aspirant brisait le pot contre le mur, et le chef prononçait solennellement son admission, que les anciens maîtres fêtaient à l'unisson, en vidant force brocs de vin ou de bière, aux dépens du nouveau confrère. Le cérémonial passait un peu plus la plaisanterie chez les meuliers ou fabricants de meules de moulin : l'aspirant n'était admis qu'après avoir reçu, des mains du dernier élu, quelques coups de bâton sur les épaules.

Les statuts des corporations, lesquels avaient force de loi, comme étant acceptés et approuvés par le pouvoir royal, déterminaient presque toujours dans le plus grand détail toutes les conditions de la main-d'œuvre; ils fixaient les heures et jours de travail, la dimension des objets fabriqués, la qualité des matières employées à leur fabrication et les prix même auxquels ils devaient être livrés à l'acheteur. Le travail de nuit était assez généralement interdit, comme ne pouvant donner que des produits imparfaits. On peut remarquer pourtant que les menuisiers étaient autorisés à fabriquer, la nuit, les cercueils et autres appareils funèbres. La veille des *bonnes* fêtes, les boutiques se fermaient plus tôt que les autres jours, c'est-à-dire à trois heures, et il est bien entendu qu'elles ne s'ouvraient pas le lendemain, à l'excep-

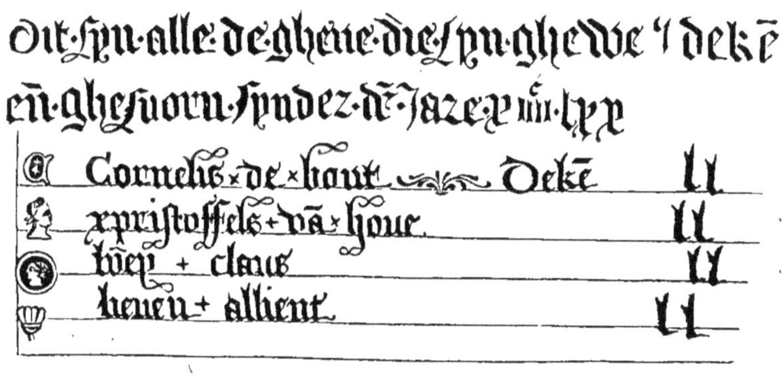

Fig. 178. — Fac-similé des six premières lignes de la table de cuivre où l'on insculptait, depuis l'année 1470, le nom et la marque des *élus* de la corporation des orfèvres de Gand.

tion de celles des pâtissiers, dont le ministère était surtout requis aux jours de gala, où ces artisans offraient au chaland une prodigieuse variété de gâteaux et de friandises.

Quelles que fussent les prescriptions des règlements professionnels ou administratifs, il va sans dire qu'en principe, comme elles exigeaient la bonne foi et la loyauté, elles ne laissaient pas d'être souvent violées. Les amendes dont étaient alors frappés les délinquants constituaient, d'ailleurs, une source d'importants revenus, tant pour le trésor de la ville que pour celui de l'association elle-même. Ajoutons que la pénalité ne se restreignait pas toujours à de simples condamnations pécuniaires, puisqu'il y eut jusqu'au quinzième siècle des exemples de gens condamnés à mort, pour le seul fait d'avoir altéré les matières par eux mises en œuvre : cette tromperie était assimilée au vol, qui, on le sait, entraîna longtemps le dernier supplice. Le vol de la part des marchands ne trouvait ni indulgence ni pardon, et la corporation tout entière demandait prompte justice.

D'après les statuts, qui avaient en général pour objet d'empêcher les fraudes et les falsifications, dans la plupart des métiers, les maîtres étaient tenus d'apposer sur leurs ouvrages une marque de fabrique, un seing particulier, qui devait servir de garantie pour l'acheteur et donner les moyens de constater le délit, si des plaintes s'élevaient contre la qualité ou la fabrication des objets vendus (fig. 178).

Outre les diverses mesures qui avaient été prises en vue de conserver les bonnes traditions professionnelles, les rédacteurs de statuts s'étaient préoccupés encore de maintenir la moralité et la concorde au sein des corporations. Un jeune homme ne pouvait être reçu apprenti qu'à la condition de justifier d'une naissance légitime, par son acte de baptême, et pour être admis à la maîtrise il devait jouir d'une réputation sans tache. Les artisans s'exposaient à une réprimande, sinon à un châtiment effectif, en fréquentant des excommuniés, en travaillant ou buvant avec eux. Le libertinage et l'inconduite pouvaient motiver la perte de la maîtrise. Dans certaines associations, tous les gens du métier devaient chômer le jour du décès d'un confrère, assister à ses obsèques et suivre son convoi funèbre jusqu'au cimetière (fig. 179). Dans telle autre communauté, la moindre parole indécente ou incivile était punie d'une amende. Un nouveau maître ne pouvait s'établir dans la même rue que son ancien patron, sinon à une distance déterminée par les statuts; le marchand devait s'interdire d'appeler ou de provoquer les acheteurs, quand ceux-ci étaient plus rapprochés de la boutique de son voisin que de la sienne, etc.

Au moyen âge, la religion avait sa place marquée partout : les corporations n'eurent garde de l'oublier. Chacune d'elles était sous

Fig. 179. — Doyen et jurés des tanneurs de la ville de Gand en costume de cérémonie. Fac-similé d'une miniature d'un ms. du xve s.

l'invocation du saint que l'on considérait comme le protecteur spécial de la profession; elle possédait sa chapelle paroissiale dans quelque église du quartier, et souvent même entretenait à ses frais un chapelain particulier, pour les messes et les obits qui se disaient tous les jours à l'intention des *bonnes personnes défuntes* du métier. Le trésor de la corporation était déposé dans cette chapelle, trésor destiné à subvenir aux besoins des membres frappés par la maladie ou le chômage, à prendre soin des veuves, à aider les orphelins, à répondre aussi des dettes contractées honnêtement par un confrère.

Malgré cette organisation à demi républicaine, le travail était loin de jouir d'une pleine liberté sous le régime des statuts établis par chaque métier. Pour être admis dans une corporation, il fallait payer au suzerain féodal, roi, évêque ou seigneur, un droit qui variait à Paris de 5 à 30 sous, ce qui vaudrait, en monnaie actuelle, de 25 à 160 francs. Quelques communautés se rachetaient en acquittant une taxe annuelle appelée *hauban*. « Hauban, dit le livre d'Étienne Boileau, est le nom d'une coustume assise anciènement par laquèle il fu establi que quiconque seroit haubanier il seroit franc, et paieroit mains de droitures (moins de droit) de la marchandise de son mestier que celui qui ne serait pas haubanier. Tous les mestiers ne sont pas haubaniers, et nul ne peut l'estre se li roy ne li otroie par vente ou par grace. » En outre, les métiers étaient assujettis au droit d'étal pour les marchandises qu'ils exposaient sur un marché, et au droit de tonlieu pour en obtenir le transport à chaque bureau de péage.

Le nom de *garçons* ou *compagnons du devoir* fut d'abord exclusivement appliqué aux charpentiers et aux maçons (fig. 180), qui formaient depuis une haute antiquité une sorte de grande association à demi secrète, dans laquelle la franc-maçonnerie va chercher ses origines; ces compagnons, quoique relevant aussi de la communauté du métier auquel ils appartenaient, composaient également des affiliations distinctes, dans les mêmes vues d'assistance mutuelle. Ils allaient recevoir l'ouvrier étranger à son entrée dans la ville, pourvoyaient à ses premiers besoins, cherchaient pour lui du travail, et, lorsque la besogne manquait, le plus ancien compagnon lui cédait la place.

Jusqu'à nos jours ils conservèrent, du moins dans quelques métiers, les cérémonies anciennes qui élevaient l'apprenti au compagnonnage. On trouve quelques détails sur ce sujet dans une déclaration des docteurs en théologie de Paris, en date du 14 mars

Fig. 180. — Compagnon du devoir ou de la grande cognée (charpentier). Fragment d'une gravure sur bois, XVe siècle.

1655 : « Les compagnons chapeliers, » rapporte cette pièce, « choisissent deux chambres commodes pour aller de l'une à l'autre. En l'une des deux ils dressent une table, sur laquelle ils mettent une croix et tout ce qui sert à représenter les instruments de la Passion; ils placent aussi sous la cheminée une chaise pour représenter les fonts de baptême. Ce qui étant préparé, celui qui doit passer compagnon, après avoir pris pour parrain et marraine deux de la compagnie, jure sur le livre des Évangiles, qui est ouvert sur la table, par la part qu'il prétend au paradis, qu'il ne révèlera pas, même en confession, ce qu'il fera ou verra faire, ni un certain mot, duquel ils se servent comme d'un mot du guet, pour reconnaître s'ils sont compagnons ou non ; et ensuite il est reçu avec plusieurs cérémonies contre la Passion et le sacrement de baptême qu'ils contrefont en toutes ses circonstances. » Les compagnons tailleurs, cordonniers et selliers étaient reçus dans des formes à peu près identiques.

Toutefois ces associations de compagnonnage eurent bientôt mis de côté les tendances de leur institution primitive. Des processions tumultueuses, des mascarades indécentes, jetèrent le trouble dans les cités. Puis de la facilité que ces nombreuses associations avaient de s'entendre et de se concerter ensemble naquirent des brigues, des coalitions qui, faisant appel à la force pour soutenir leurs prétentions, souvent exorbitantes, agitèrent profondément les classes industrielles, et finirent par éveiller la vigilance du pouvoir. Ces confréries, animées jusqu'à l'extrême d'un grand esprit d'indépendance, soulevaient ou réchauffaient sans cesse, entre les ouvriers du même métier, affiliés à des *devoirs* différents, des inimitiés, qui se traduisaient en violences et en luttes sanglantes. Les arrêts du Parlement, les ordonnances des rois, les décisions des conciles, dès la fin du quinzième siècle et pendant toute la durée du seizième, proscrivirent sévèrement les confréries ; mais ces dispositions de sage police ne furent jamais rigoureusement observées, et l'autorité elle-même y souffrit des exceptions qui rouvrirent la porte aux abus.

Nous avons déjà mentionné le rôle politique que jouèrent les corporations au moyen âge. On sait la part active et généreuse que prirent les métiers au grand mouvement de la formation des communes en France. L'esprit d'association fraternelle, qui avait fait la force vivace des corporations et qui se perpétuait avec tant d'éclat dans tous les actes de la vie publique et privée, résista pendant des siècles aux attaques isolées et collectives dont elles étaient l'objet de la part des gens de métier eux-mêmes. Ces corporations, issues du moyen âge et modelées, en quelque sorte, sur son organisation sociale, devaient partager ses vicissitudes et s'affaiblir en même temps que lui; elles portaient en elles un vice de constitution, l'esprit de privilège et de monopole, qui jeta le trouble parmi la société dès l'aurore des temps modernes. Après leur avoir imposé des règlements, l'État leur retira le droit de délivrer les lettres de maîtrise. Aux états généraux de 1614, le tiers état en réclama la suppression, laquelle ne put être consommée, tant elles étaient riches et puissantes, qu'à la fin du siècle suivant, par le vote unanime de l'Assemblée constituante.

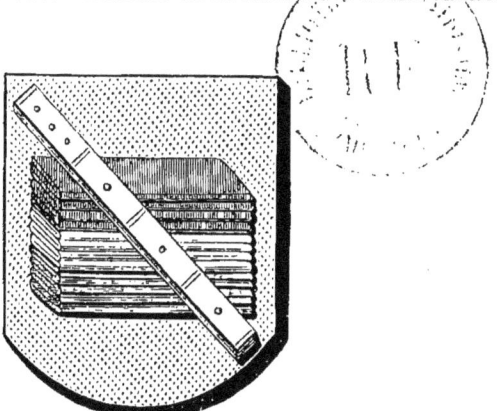

Fig. 181. — Bannière des drapiers de Caen.

TABLE.

		Pages.
Chapitre I. — Mobilier		1
— II. — Tapisseries		58
— III. — Céramique		83
— IV. — Horlogerie		118
— V. — Sellerie et carrosserie		146
— VI. — Orfèvrerie		168
— VII. — Peinture sur verre		231
— VIII. — Corporations des métiers		265

www.ingramcontent.com/pod-product-compliance
Lightning Source LLC
Chambersburg PA
CBHW071506160426
43196CB00010B/1435